Wolfgang Schulz/Wolfgang Seufert/
Bernd Holznagel
Digitales Fernsehen

Schriftenreihe Medienforschung
der Landesanstalt für Rundfunk
Nordrhein-Westfalen

Band 31

Wolfgang Schulz
Wolfgang Seufert
Bernd Holznagel

# Digitales Fernsehen

Regulierungskonzepte und -perspektiven

Leske + Budrich, Opladen 1999

Die Autoren:
Dr. Wolfgang Schulz (Jahrgang 1963), wissenschaftlicher Referent am Hans-Bredow-Institut für Medienforschung der Universität Hamburg;
Dr. Wolfgang Seufert (Jahrgang 1956), wissenschaftlicher Referent am Deutschen Institut für Wirtschaftsforschung (DIW) Berlin;
Prof. Dr. Bernd Holznagel, LLM (Jahrgang 1957), Institut für Informations-, Telekommunikations- und Medienrecht (ITM) der Westfälischen Wilhelms-Universität Münster

Die Deutsche Bibliothek - CIP-Einheitsaufnahme

**Schulz, Wolfgang/Seufert, Wolfgang/Holznagel, Bernd**
Digitales Fernsehen. Regulierungskonzepte und -perspektiven / Wolfgang Schulz; Wolfgang Seufert; Bernd Holznagel. –
Opladen : Leske und Budrich, 1999
(Schriftenreihe Medienforschung der Landesanstalt für Rundfunk Nordrhein-Westfalen ; Bd. 31)
ISBN 3-8100-2291-8

© **1999 Leske + Budrich, Opladen**

Satz: Werkstatt für Typografie in der Berthold GmbH, Offenbach
Druck: Druck Partner Rübelmann, Hemsbach
Printed in Germany

# Vorwort des Herausgebers

Die Landesanstalt für Rundfunk Nordrhein-Westfalen (LfR) ist die für Nordrhein-Westfalen zuständige Landesmedienanstalt. Ihr obliegen u.a. die Beratung, Lizenzierung und Kontrolle privater Rundfunkveranstalter. Zu den Aufgaben der LfR gehört auch die wissenschaftliche Begleitforschung zur Medienentwicklung. Die Forschungstätigkeiten erstrecken sich auf die Bereiche des lokalen und landesweiten Rundfunks sowie auf den Jugendschutz. Seit 1990 hat die LfR eine Reihe kommunikationswissenschaftlicher Projekte an unabhängige Einrichtungen der Kommunikationsforschung vergeben. Die Ergebnisse werden in der LfR-Schriftenreihe Medienforschung veröffentlicht.

Gegenstand der vorliegenden Studie ist die Frage, wie die Freiheit der individuellen und öffentlichen Meinungsbildung auch in der neuen, digitalen Fernsehwelt gesichert werden kann. Die Autoren kommen zu dem Ergebnis, daß digitales Fernsehen nicht weniger, sondern anderer Regelungsmechanismen bedarf, um den verfassungsrechtlichen Zielvorgaben entsprechen zu können. Während sich das Rundfunkrecht bisher auf programminhaltliche Fragen (Werbung, Jugendschutz, Persönlichkeitsschutz) konzentrierte, ist es nach Auffassung der Autoren zunehmend Aufgabe der Rundfunkaufsicht, für einen fairen Zugang, zum Beispiel zu Vertriebswegen und Programmrechten, zu sorgen. Damit rücken die Instrumente der Zugangssicherung und ihre Vernetzung mit denen der Konzentrationskontrolle in den Vordergrund.

Nach einer Untersuchung der Digitalisierung der TV-Signalübertragung und der Unternehmenskonzentration auf den TV-Märkten analysieren die Autoren potentielle Zugangshindernisse und bewerten diese verfassungsrechtlich. Sie kommen zu dem Resultat, daß die Länder einen Ausgestaltungsauftrag zur Sicherung gerechter Zugangschancen bei den Dienstleistungen digitalen Fernsehens haben und geben konkrete Handlungsempfehlungen für die Regulierung. Die Experten leisten damit einen wichtigen Beitrag zur Diskussion über den Gestaltungsauftrag des Gesetzgebers und der Landesmedienanstalten in einer sich rasant entwickelnden Medienlandschaft.

*Dr. Norbert Schneider*
Direktor der LfR

*Helmut Hellwig*
Vorsitzender der
Rundfunkkommission der LfR

# Inhalt

7

# Einleitung

Die Rahmenbedingungen für die Einführung Digitalen Fernsehens in Deutschland haben sich in den letzten Monaten beständig gewandelt; das Verfahren um die kartellrechtliche Genehmigung der Zusammenarbeit von Bertelsmann und Kirch in Brüssel sowie die Pläne der Telekom, ihr Breitbandkabelnetz rasch zu verkaufen, öffneten das Tableau erneut für ganz unterschiedliche Entwicklungsszenarien. Dies erlaubt es, in der Untersuchung, deren Ergebnisse hier präsentiert werden, einen etwas grundlegenderen Blick auf die Marktsituation und die Entwicklung eines rechtlichen Regelungsrahmens zu werfen.

Bei der Bearbeitung des Projektes wurde schon früh deutlich, daß Fragen der Zugangssicherung zu Dienstleistungen Digitalen Fernsehens und Fragen der Konzentrationskontrolle im Rundfunkbereich sinnvollerweise nicht getrennt beurteilt werden können. Die nachfolgend unterbreiteten Vorschläge zur Fortentwicklung der Regulierung sind daher bemüht, diese Regelungsperspektiven in ersten Ansätzen zu vernetzen, ohne dabei das bestehende Regelungsgefüge vollständig zu entflechten, und mit dem Ziel einer Regelung „aus einem Guß" neu zusammenzufügen.

Die Formulierung von Regelungskonzepten, aber auch – vorgelagert – die Verständigung darüber, welche Ziele überhaupt verfolgt werden sollen, wird angesichts der Konvergenz der Netze durch die Digitalisierung nicht in einer schlichten Fortschreibung des Bestehenden erfolgen können. Die vorliegende Untersuchung wirft daher an verschiedenen Stellen einen Blick ins Ausland – vor allem nach Großbritannien – um dort vorhandene Erfahrungen zu nutzen. Insgesamt konzentrieren sich die Beobachtungen auf den Bereich der Sicherung von Zugangschancen bei allen Dienstleistungen Digitalen Fernsehens, also der Fragestellungen, die derzeit in § 53 RStV geregelt werden. Andere – ebenso bedeutsame – Aspekte wie der Jugendschutz oder die zukünftige Sicherung journalistischer Qualität bleiben außer Betracht. Ziel ist weniger eine umfassende Darstellung der Technik oder eine erschöpfende Auswertung der wissenschaftlichen Literatur, sondern vielmehr eine problemorientierte, konzeptionelle und vor allem zeitnahe Aufarbeitung, um dazu beizutragen, daß die Formulierung von Regelungen mit dem Entwicklungstempo des Gegenstandsbereichs Schritt halten kann.

Die Darstellung beginnt mit einer ökonomischen Bestandsaufnahme, stellt dann die neuen Dienstleistungen vor dem Hintergrund der Konvergenz dar und schildert die derzeitige Regelungslage, um schließlich ausgewählte Regelungsprobleme verfassungsrechtlich und regelungstechnisch zu würdigen. Abschließend werden Anregungen zur Neuformulierung der entsprechenden Bestimmungen des Rundfunkstaatsvertrages unterbreitet.

# 1 Digitalisierung der TV-Signalübertragung und Unternehmenskonzentration auf den TV-Märkten*

## 1.1 Ziel der Studie und Vorgehensweise

### 1.1.1 Fragestellung

Ziel des Gesamtprojektes ist es, den mit der Digitalisierung der Rundfunk-übertragung einhergehenden Veränderungsbedarf im Regulierungsrahmen der Fernsehmärkte zu ermitteln und mögliche Regulierungsoptionen hinsichtlich ihrer Effizienz zu beurteilen. Der folgende Teil der Studie ist als Marktanalyse angelegt und beschäftigt sich speziell mit der Frage, welche Auswirkungen die Digitalisierung mittel- und langfristig auf den Grad der Unternehmenskonzentration auf den TV-Märkten in Deutschland haben wird.

Die Relevanz der Unternehmenskonzentration ergibt sich daraus, daß bei einer Kontrolle des TV-Angebotes durch einen oder wenige marktbeherrschende Anbieter nicht nur die Gefahr eines Mißbrauchs von Marktmacht besteht, sondern auch die Gefahr einer einseitigen Beeinflussung des demokratischen Willensbildungsprozesses. Hieraus ergibt sich ein spezieller Regulierungsbedarf auf den TV-Märkten, der über die üblichen wettbewerbspolitischen Zielsetzungen hinausgeht.[1] Ziel einer speziellen Rundfunkregulierung muß es entweder sein, den Grad der Unternehmenskonzentration möglichst gering zu halten, oder – falls dies nicht möglich ist – einen Mißbrauch marktbeherrschender Stellungen auch im Hinblick auf medienpolitische Ziele so weit wie möglich zu verhindern.

---

*   Schwerpunktmäßig bearbeitet von *Dr. Wolfgang Seufert*
1   Zu den medienpolitischen Zielen und dem speziellen rundfunk-rechtlichen Regulierungsrahmen vgl. Punkt 2 und 3 der Studie.

Die Rundfunkmärkte in Deutschland sind deshalb zur Zeit vergleichsweise stark reguliert. Neben dem allgemeinen Wettbewerbsrecht auf nationaler und EU-Ebene, das die Entstehung (Kartellverbot, Fusionskontrolle) und die mißbräuchliche wirtschaftliche Ausnutzung (Mißbrauchskontrolle) marktbeherrschender Stellungen in allen Wirtschaftsbereichen verhindern soll, finden sich zusätzliche Regelungen zur Sicherung der Meinungsvielfalt innerhalb des speziellen Rundfunkrechts: zum einen durch Etablierung der überwiegend gebührenfinanzierten öffentlich-rechtlichen Rundfunkanstalten, zum anderen durch spezielle Regelungen für die Zulassung und die Programmgestaltung privater Rundfunkangebote und insbesondere durch Regelungen über den Zugang zur Rundfunk-Distributionsinfrastruktur (terrestrische Frequenzen und Übertragungskanäle in Breitbandkabelnetzen). Auf diesen nachgelagerten Märkten für die Rundfunkdistribution kommt zusätzlich das spezielle Telekommunikationsrecht zum Tragen, das nach der vollständigen Liberalisierung der Telekommunikationsmärkte in Kraft getreten ist, und das u.a. eine spezielle Preiskontrolle für den ehemaligen Monopolisten vorsieht.

Gerechtfertigt werden die Spezialregelungen des Rundfunkrechts bislang unter anderem mit zwei wirtschaftlichen Besonderheiten der Rundfunkmärkte, die die Zahl potentieller TV-Veranstalter beschränken: begrenzte Übertragungskapazitäten für analog verbreitete Programme sowie Marktzutrittsschranken, die sich insbesondere aus dem hohen finanziellen Aufwand für TV-Programme ergeben. Letztere werden dabei manchmal in einen direkten Zusammenhang mit Knappheiten auf den vorgelagerten Märkten für Sportübertragungsrechte und Fiktionprogramme gestellt.

Hinsichtlich der Auswirkungen der Digitalisierung auf die Unternehmenskonzentration auf den TV-Märkten stellen sich damit folgende Fragen:

– Werden sich die bestehenden Marktzutrittsschranken auf den TV-Märkten bzw. auf deren vor- und nachgelagerten Märkten eher verringern oder eher erhöhen?
– Mit welchen Anbieterzahlen ist auf den durch die Digitalisierung neu entstehenden Teilmärkten für TV-Dienstleistungen mittel- bis langfristig zu rechnen?

### 1.1.2 Vorgehensweise

Die folgende Marktanalyse der TV-Märkte in Deutschland erfolgt in drei Schritten:

– im ersten Schritt (Punkt 1.2) werden der Stand und die Ursachen der Unternehmenskonzentration in der analogen TV-Welt beschrieben,
– im zweiten Schritt (Punkt 1.3) werden die sich heute abzeichnende Entwicklung der digitalen TV-Welt und die sich dabei herausbildenden veränderten Marktstrukturen untersucht,

14

- im dritten Schritt (Punkt 1.4) werden die Wahrscheinlichkeit für die Entstehung marktbeherrschender Stellungen in der digitalen TV-Welt und deren Mißbrauchspotential analysiert und entsprechende Regulierungserfordernisse abgeleitet.

Wirtschaftliche Ursachen für eine hohe Unternehmenskonzentration auf einem bestimmten Markt können spezielle Eigentumstitel (Monopolrechte), natürliche Knappheiten (physische Engpässe) oder besondere Produktionskostenstrukturen sein, bei denen Größendegressionseffekte im Verhältnis zur Marktgröße stark ins Gewicht fallen (natürliche Monopole).[2] Zu analysieren ist, welche dieser Voraussetzungen auf den TV-Märkten gegeben sind. Dabei sind auch Wechselwirkungen mit vor- und nachgelagerten Märkten bzw. mit anderen Märkten für Medienprodukte einzubeziehen, soweit sich aus der vertikalen und diagonalen Konzentration von TV-Veranstaltern auch Rückwirkungen auf ihre Marktstellung auf den TV-Märkten ergeben.[3]

Die Trennung zwischen analoger und digitaler TV-Welt wird dabei allein zum Zweck einer verständlicheren Darstellung vorgenommen und bedeutet nicht, daß man von einem eigenen Markt für digitale TV-Programme ausgehen sollte. Eine Besonderheit in Deutschland besteht darin, daß aus heutiger Sicht eine Refinanzierung der für die Digitalisierung der TV-Distribution notwendigen Investitionen nur durch eine deutliche Ausweitung des Angebotes *entgeltfinanzierter* Programme und Dienste möglich erscheint. Dennoch sind digitales TV und Pay-TV nicht identisch. Eine solche Gleichsetzung verstellt den Blick für die unterschiedlichen Effekte, die sich aus der neuen Technik einerseits und aus einer größeren Bedeutung der Entgeltfinanzierung von TV-Programmen andererseits ergeben. Dies gilt sowohl für die Entstehung neuer Teilmärkte innerhalb des TV-Sektors als auch für die Anbieterstrukturen, die sich auf diesen Märkten herausbilden.

Aussagen zur Wahrscheinlichkeit marktbeherrschender Stellungen auf den neuen TV-Märkten können nur auf Basis von – notwendigerweise unsicheren – Marktprognosen getroffen werden. Grundsätzlich gilt jedoch: je geringer die Marktgröße, desto geringer wird die Zahl der TV-Veranstalter bzw. der Betreiber der Distributionsinfrastrukturen sein, die die Rentabilitätsschwelle erreichen kann.

Der Zeitrahmen der Studie hat es nicht gestattet, eigene Primärdatenerhebungen oder eigene Prognoserechnungen durchzuführen. Sowohl die Analyse des gegenwärtigen Standes der Unternehmenskonzentration und seiner Ursachen als auch die Abschätzung der künftigen Marktstrukturen in der digi-

---

2  Zum Begriff des natürlichen Monopols vgl. M. Fritsch/T. Wein/H.-J. Ewers, Marktversagen und Wirtschaftspolitik, München 1993, S. 124 ff.

3  Zu den Begriffen horizontale, vertikale und diagonale Konzentration vgl. K. Herdzina, Wettbewerbspolitik, 3. Auflage, Stuttgart 1991, S. 185 ff.

talen TV-Welt beruht deshalb auf einer Zusammenstellung von bereits vorhandenem, an anderer Stelle veröffentlichtem Datenmaterial.[4]

## 1.2 Analoges Fernsehen

### 1.2.1 Stand der horizontalen Konzentration in Deutschland

Die Analyse der TV-Märkte, die sich in der analogen TV-Welt herausgebildet haben, beginnt mit einem qualitativen und quantitativen Überblick:

– Die qualitative Beschreibung dient der Abgrenzung von Teilmärkten auf den verschiedenen Produktionsstufen für Rundfunkdienste. Welche Spezialisierungen von Unternehmen gibt es? Wie sehen die typischen Anbieter-Nachfrager-Beziehungen auf diesen Teilmärkten aus? Welche Besonderheiten gibt es in Deutschland im Vergleich zu anderen Ländern?

– Die anschließende quantitative Beschreibung der analogen TV-Märkte erfolgt – soweit es die Datenlage zuläßt – sowohl in Wertgrößen (Umsätze) als auch in Mengeneinheiten.

– Marktabgrenzung und Bestimmung der jeweiligen Marktgröße sind Voraussetzung, um schließlich im nächsten Schritt den gegenwärtigen Stand der horizontalen Unternehmenskonzentration auf den TV-Märkten in Deutschland anhand der Marktanteile einzelner Anbieter bestimmen zu können.

#### 1.2.1.1 Marktabgrenzungen

Die Herstellung des Produktes „TV-Programmdienst" ist ein mehrstufiger Produktionsprozeß, den die TV-Veranstalter in der Regel nicht in seiner Gesamtheit organisieren, sondern für den sie Leistungen von Unternehmen auf vor- und nachgelagerten Märkten in Anspruch nehmen. In der analogen TV-Welt lassen sich folgende drei Produktionsstufen unterscheiden:

– die Stufe der Programmproduktion, d.h. die Herstellung von Einzelsendungen (audiovisuelle Werke im Sinne des Urheberrechts) oder die Veranstaltung von Ereignissen mit Informations- oder Unterhaltungswert, die für eine TV-Ausstrahlung geeignet sind

– die Stufe der TV-Veranstaltung, d.h. die Kombination eigenproduzierter oder von unabhängigen Programmproduzenten bezogener Sendungen zu einem oder mehreren Programmdiensten

---

4　Darüberhinaus wurden zur Absicherung eigener Schätzungen insgesamt 10 Expertengespräche mit Personen aus den Geschäftsführungen der wichtigsten deutschen Unternehmen in den zu untersuchenden Märkten geführt.

– die Stufe der TV-Distribution, d.h. der technische Transport der Programmdienste als elektromagnetisches Signal zum Zuschauer.

Auch innerhalb dieser Produktionsstufen gibt es Teilmärkte, auf denen spezialisierte Unternehmen aus Sicht der jeweiligen Nachfrager gleiche oder zumindest sehr ähnliche (austauschbare) Leistungen anbieten.[5] Zwischen TV-Programmdiensten und anderen Medienprodukten bzw. kulturellen Dienstleistungen (z.B. Kino, Video, Theater, Sportveranstaltungen) bestehen ebenfalls Substitutionsbeziehungen. In den Augen der meisten Zuschauer sind sie jedoch kein gleichwertiger Ersatz für TV-Programmdienste, so daß diese Angebote anderen Märkten zuzurechnen sind.

### 1.2.1.1.1 Veranstaltung von TV-Programmdiensten
TV-Veranstalter sind damit Anbieter auf den TV-Märkten im engeren Sinn. Sie treten gleichzeitig als Nachfrager auf vor- und nachgelagerten Märkten auf. Aufgrund unterschiedlicher Anbieter-Nachfrager-Beziehungen ist es sinnvoll, nach der Finanzierungsform der TV-Veranstalter zwei Teilmärkte zu unterscheiden:

#### 1.2.1.1.1.1 Entgeltfinanziertes Fernsehen (Pay-TV)
Beim entgeltfinanzierten Fernsehen kauft der Zuschauer das Produkt „TV-Programmdienst" selbst. Die unterschiedliche Zahlungsbereitschaft für verschiedene Programmtypen kann sich insofern auch in einer entsprechenden Preisdifferenzierung des Angebotes niederschlagen.[6] In der analogen TV-Welt haben sich drei unterschiedliche Formen des Pay-TV-Angebotes herausgebildet[7]:

– Pay-per-view-Dienste, bei dem die TV-Veranstalter einzelne Sendungen (z.B. Spielfilme, Sportveranstaltungen oder Konzerte) getrennt abrechnen
– Abonnements für einen kompletten TV-Programmdienst, der bis zu 24 Sendestunden am Tag umfaßt
– Abonnements für ein Paket mehrerer TV-Programmdienste, deren Zusammenstellung sowohl von TV-Veranstaltern als auch von Kabelnetzbetreibern vorgenommen werden kann.

---

5   Bei der Beurteilung kartellrechtlicher Fragen wird in Deutschland das Bedarfsmarktkonzept angewandt, d.h. die Marktabgrenzung erfolgt nicht anhand objektiver Produkteigenschaften sondern anhand der Funktionalität für die Nachfrager.
6   Zur Preisdifferenzierung und ihrer wettbewerbspolitischen Beurteilung vgl. M. Fritsch/T. Wein/H.J. Ewers (Fn. 2), S. 130 ff.
7   Vgl. Europäische Audiovisuelle Informationsstelle (Hrsg.), Statistisches Jahrbuch. Film, Fernsehen, Video und Neue Medien 1998, Straßburg 1997, S. 176 ff.

In allen Fällen kann es sowohl einen Direktvertrieb des Pay-TV-Veranstalters an die Zuschauer als auch Formen eines mehrstufigen Vertriebs geben.[8]

Voraussetzung aller Pay-TV-Varianten ist eine technische Infrastruktur, die sicherstellt, daß Nichtzahler vom Empfang der Angebote ausgeschlossen bleiben. Üblicherweise wird das TV-Signal vom TV-Veranstalter verschlüsselt und im Fall des Direktvertriebes von einem Zusatzgerät (Pay-TV-Dekoder) beim Zuschauer entschlüsselt, sobald eine Freischaltung durch einen entsprechenden „elektronischen Schlüssel" (z.B. eine Chipkarte) erfolgt ist. [9]

Vom Pay-TV-Veranstalter sind deshalb neben der inhaltlichen Programmgestaltung folgende zusätzlichen Aktivitäten zu organisieren, die seine Transaktionskosten entsprechend erhöhen:

– Akquisition von Abonnenten
– Abonnentenverwaltung einschließlich eines Abrechnungssystems
– Sicherstellung des Betriebs der notwendigen Dekoderinfrastruktur.

Es gibt Fälle, in denen diese Aufgabenbereiche von den TV-Veranstaltern an spezialisierte Dienstleister übertragen werden, ohne daß diese Einfluß auf die Programminhalte erhalten.

Zu unterscheiden ist hiervon ein zweistufiger Vertrieb, bei dem von Netzbetreibern verschiedene TV-Programmdienste eigenständig zu Paketen zusammengestellt und auf eigenes Risiko vermarktet werden. Häufig wird das Gesamtangebot in einem Kabelnetz in ein Basis-Paket und in eines oder mehrere Zusatzpakete aufgeteilt. Die Veranstalter der TV-Programmdienste erhalten in diesen Fällen einen vertraglich festgelegten Anteil an den Beträgen, die die Zuschauer an den Kabelnetzbetreiber zahlen (als Prozentanteil oder als Fixsumme je Kabelabonnent). Diese Einnahmen je Abonnent sind für die TV-Veranstalter in der Regel niedriger als bei einem Direktvertrieb ihrer Programmdienste, im Gegenzug entfallen jedoch Kosten der Akquisition, des Abonnenten-Managements und der Dekoderinfrastruktur. Gleiches gilt für den Fall, daß ein Veranstalter sein Angebot von einem anderen TV-Veranstalter als Teil eines Pay-TV-Paketes mitvermarkten läßt.

Im Vergleich zu anderen Ländern gibt es beim analogen Pay-TV in Deutschland derzeit folgende Besonderheiten:

– das Pay-TV-Angebot umfaßt weder Pay-per-view-Dienste noch Programm-Pakete

---

8 Zu den britischen und US-amerikanischen Beispielen vgl. C. Cowie/M. Yarrow, The wholesale pay TV market in the UK, sowie R.W. Crandall, Competition and regulation in the US video market, jeweils in: Telecommunications Policy, Special Issue, The economics and regulation of pay broadcasting, Vol. 21, August 1997.

9 Für analoge TV-Signale wurden mehrere Verschlüsselungsverfahren entwickelt, die alle patentrechtlich geschützt sind. Der Veranstalter der Pay-TV-Angebote und der Hersteller der Dekoder benötigt deshalb entsprechende Lizenzen.

- die Vermarktung des einzigen analogen Pay-TV-Programmes erfolgt nur direkt, d.h. auch bei der Verbreitung über Kabelnetze bestehen die Vertragsbeziehungen zwischen Veranstalter und Zuschauer
- da die Kabelnetzbetreiber keine eigenen Zugangs- und Abrechnungssysteme aufgebaut haben, gibt es auch keine mischfinanzierten TV-Programmdienste, die sich sowohl aus Werbung als auch aus Einnahmeanteilen der Kabelnetzbetreiber finanzieren.

### 1.2.1.1.1.2 Werbe- und gebührenfinanziertes Fernsehen (Free TV)

Im Gegensatz zum Pay-TV gibt es bei werbefinanzierten TV-Programmdiensten keine Vertragsbeziehungen zwischen TV-Veranstalter und Zuschauer. Aus der Sicht der Nachfrager haben deshalb alle diese Angebote einen Preis von „Null". Unterschiedliche Präferenzen der Zuschauer für einzelne Programmtypen können sich damit nicht in einer unterschiedlichen Zahlungsbereitschaft ausdrücken, sondern nur in der Entscheidung „sehen oder nicht sehen".[10]

Die Finanzierung der werbefinanzierten Programme erfolgt über den Verkauf von Werbezeiten an werbetreibende Unternehmen und Institutionen, wobei sich unterschiedliche Werbeformen (klassischer Werbespot, Sponsoring, Teleshopping) herausgebildet haben. Die Zahlungsbereitschaft für Werbespots und Sponsor-Einblendungen ist dabei von den Werbekontaktchancen abhängig, die zu einem bestimmten Zeitpunkt in dem entsprechenden TV-Programmdienst erwartet werden können. Grundlage hierfür ist das bisherige Zuschauerverhalten, das kontinuierlich gemessen wird.[11] Mittlerweile garantieren die meisten TV-Veranstalter bestimmte Mindestzuschauerzahlen und wiederholen Werbespots solange kostenlos, bis die garantierte Werbekontaktzahl erreicht ist.[12]

Da höhere Zuschauerzahlen damit zu höheren Werbeeinnahmen führen, fließen auch bei einer Werbefinanzierung die Zuschauerpräferenzen mittelbar in die Programmgestaltung ein. Allerdings kann eine unterschiedliche Bewertung von Zuschauergruppen durch die Werbewirtschaft zu einer Verzerrung führen. So wird beispielsweise für Werbekontakte in der Altergruppe ab

---

10   Zu den von der „television economics" herausgearbeiteten Besonderheiten werbefinanzierten Rundfunks vgl. einen Literaturüberblick bei A. Schmitz, Rundfunkfinanzierung, Köln 1990; aus jüngerer Zeit sind zu nennen J. Heinrich, Qualitätswettbewerb und/oder Kostenwettbewerb im Mediensektor? In: Rundfunk und Fernsehen 1996, 165-184 sowie J. Kruse, Publizistische Vielfalt und Medienkonzentration unter dem Einfluß von Marktkräften und politischen Entscheidungen. In: K-D. Altmeppen (Hrsg.), Ökonomie der Medien und des Mediensystems, Opladen 1996, S. 25-52.

11   Vgl. B. Stockmann (Hrsg.), Werbung im Fernsehen - Das aktuelle Nachschlagewerk für die Fernsehwerbung, München o.J.

12   Bei Teleshopping wird in der Regel nicht die Werbezeit bezahlt. Stattdessen erhält der TV-Veranstalter eine Umsatzprovision an den verkauften Produkten.

50 Jahren deutlich weniger gezahlt als für Werbekontakte in den jüngeren Altersgruppen.[13]

In die Transaktionskosten der Veranstalter überwiegend werbefinanzierter TV-Programmdienste gehen damit folgende Zusatzaktivitäten ein:

– Erhebung von Datenmaterial über den Umfang und die Zusammensetzung der eigenen Zuschauerschaft
– Akquisition der Werbekunden.

Die erste Aktivität wird üblicherweise (gemeinsam mit kooperierenden TV-Veranstaltern) an spezialisierte Marktforschungsunternehmen übertragen.[14] Auch die zweite Aktivität wird mittlerweile weitgehend von spezialisierten Werbe-Vermarktern übernommen, die einen Provisionsanteil an den Werbeumsätzen erhalten. Ihnen stehen in den wenigsten Fällen die werbenden Unternehmen und Institutionen selbst gegenüber, sondern spezialisierte Werbeagenturen, die in deren Auftrag medienübergreifende Werbekampagnen organisieren.

TV-Veranstalter, die ihre TV-Programmdienste unter bestimmten gesetzlichen Auflagen als öffentliche Dienstleistung gestalten, werden üblicherweise ebenfalls dem Free-TV-Bereich zugerechnet. Dies ist auch dann der Fall, wenn sie sich zum Teil oder überwiegend aus Rundfunkgebühren, die bei den Zuschauern erhoben werden, finanzieren. Ein Grund für diese Zuordnung ist die Tatsache, daß die Gebührenpflicht für öffentliche TV-Programmdienste in der Regel nicht an die Programmnutzung sondern an den Besitz eines Empfangsgerätes gekoppelt ist. Der wesentliche Grund ist jedoch, daß die Programmdienste unverschlüsselt verbreitet werden, da die Kosten in der jetzigen Form des Gebühreneinzugs trotz des damit verbundenen „Schwarzseherproblems" – niedriger sind als die Transaktionskosten, die mit der Errichtung eines technischen Ausschlußsystems wie bei Pay-TV-Angeboten verbunden wären.[15]

Ein Blick in andere Länder zeigt, daß das deutsche Organisationsmodell der Veranstalter von öffentlichen TV-Programmdiensten – gemeinnützige öffentlich-rechtliche Anstalten mit überwiegender Finanzierung über Rundfunkgebühren – nicht überall in gleicher oder ähnlicher Form zu finden ist. Die Palette der Organisationsformen ist – sowohl was die Rechtsform der Unternehmen (gemeinnützig oder privat, d.h. gewinnorientiert) als auch was die relativen Anteile von Gebühren- und Werbefinanzierung angeht – sehr breit.[16] Gleiches gilt für die Gestaltung der Aufsichtsorgane, die die Einhal-

---

13  B. Stockmann (Fn. 11).
14  Zum deutschen System der Zuschauerforschung vgl. D.K. Müller, Das AG.MA-Partnerschaftsmodell wird neu definiert, MP 1997, 320 ff.
15  Vgl. CSP International (Hrsg.), Subscription Television, A Study for the Home Office, London 1987.
16  Ein Überblick über die unterschiedlichen Finanzierungsanteile in Europa findet sich in Europäische Audiovisuelle Informationsstelle (Fn. 7), S. 168.

tung der gesetzlichen Auflagen im Hinblick auf die medienpolitisch angestrebten Programminhalte überwachen.

Eine Besonderheit stellt in Deutschland die auf den föderalen Staatsaufbau und die große Bevölkerungszahl zurückzuführende hohe Zahl öffentlich-rechtlicher TV-Programmdienste dar.

### 1.2.1.1.2 Technische Distribution von TV-Programmdiensten

Die Veranstaltung eines TV-Programmes ist nur sinnvoll, wenn auch der Transport des TV-Signals zu den Zuschauern gewährleistet ist. In der analogen TV-Welt können drei unterschiedliche Übertragungswege mit jeweils eigener Distributionsinfrastruktur unterschieden werden:

- die terrestrischen Sendernetze (als dem klassischen Übertragungsweg)
- die Übertragung mittels geostationärer Rundfunksatelliten, deren Signal mit relativ geringem Antennenaufwand empfangen werden kann
- die Übertragung über Breitbandkabelnetze in Baumstruktur, in denen die in einer Kopfstation empfangenen TV-Signale über verschiedene Verstärkerstufen bis zum Zuschauer transportiert werden.

Diese drei Übertragungswege weisen aus der Sicht der Nachfrager zwar unterschiedliche Produkteigenschaften auf, sie sind jedoch soweit gegeneinander substituierbar, daß man von einem einzigen Markt ausgehen sollte.

Als Nachfrager für die Transportleistung, die von den verschiedenen Netz- bzw. Infrastrukturbetreibern angeboten wird, kommen prinzipiell sowohl die TV-Veranstalter als auch die TV-Zuschauer in Betracht. Soweit Zuschauer für die Transportleistung zahlen sollen, stellt sich erneut das Problem des Ausschlusses von Nichtzahlern. Bei terrestrischer und Satelliten-Übertragung wäre hierfür ein ähnlich aufwendiges Zugangs- und Abrechnungssystem notwendig wie es für Pay-TV-Angebote errichtet wird. Bei Breitbandkabelnetzen ist der technische Ausschluß von Nichtzahlern dagegen leichter zu realisieren. Die terrestrische und Satelliten-Infrastruktur wird deshalb in der analogen Welt ausschließlich durch Zahlungen der TV-Veranstalter finanziert, während Breitbandkabelnetze in vielen Ländern teilweise oder vollständig von den angeschlossenen Zuschauern bezahlt werden.

Eine Besonderheit stellt in Deutschland die weitgehende eigentumsrechtliche Trennung verschiedener Kabel-Netzebenen dar.[17] Anders als die anderen Telekommunikationsnetze enden die Breitbandkabelnetze (BK-Netze) nicht überall in den Wohnungen der privaten Haushalte. Bei Mehrfamilienhäusern und Wohnanlagen, dies sind rund zwei Drittel aller Wohnungen, gibt es vielmehr eine Trennung zwischen den Netzen im öffentlichen Straßenland (Netzebenen 2 und 3) und den Netzen innerhalb der privaten Grundstücke (Netzebene 4), sog. Gemeinschaftsantennenanlagen. Die Nachfrage nach der

---

17    Vgl. VPRT (Hrsg.), Zukunftssichere Breitbandverteilnetze, Berlin 1995.

Transportleistung des Übertragungsweges „Breitbandkabelnetz" kommt also überwiegend nicht von einzelnen Privathaushalten, sondern von den Betreibern der Netzebene 4 (Wohnungswirtschaft oder spezialisierte Dienstleister). Bei der Entscheidung zwischen den verschiedenen Übertragungswegen müssen die einzelnen TV-Veranstalter ihre Übertragungskosten gegen die Zahl der im anvisierten Verbreitungsgebiet tatsächlich erreichbaren Zuschauer *(technische Reichweite)* abwägen. Für Veranstalter von regionalen TV-Programmdiensten ist deshalb die Regionalisierbarkeit der jeweiligen Infrastruktur eine wichtige Produkteigenschaft. Die technische Reichweite hängt zwar auch davon ab, welcher Anteil der Haushalte potentiell erreichbar ist *(Versorgungsgrad des Übertragungsweges)*, letztlich wird sie aber von der Entscheidung der privaten Haushalte hinsichtlich der Art ihres TV-Empfangs bestimmt.

Bei dieser Auswahl vergleichen die Zuschauer in der Regel die Zahl der empfangbaren TV-Programmdienste *(Übertragungskapazität)* mit dem für den jeweiligen Übertragungsweg erforderlichen Geräteaufwand sowie den zusätzlichen laufenden Kosten (z.B. Kabelgebühren). Dies gilt analog für die Betreiber von Gemeinschaftsantennenanlagen, die ebenfalls entscheiden müssen, über welchen Übertragungsweg sie ihre TV-Signale beziehen wollen. Die Übertragungskapazität der drei Übertragungswege ist von Standort zu Standort unterschiedlich und hängt von mehreren Faktoren ab:

- der Frequenzallokation (z.B. der Festlegung des Frequenzspektrums, das für TV-Programmdienste genutzt werden kann, sowie der Orbitpositionen für Rundfunksatelliten)
- technischen Standards (z.B. der Festlegung der Bandbreite eines zu übertragenden TV-Signals)
- Investitionsentscheidungen der Infrastrukturbetreiber über den Teil der technisch maximal nutzbaren Kapazität, der tatsächlich angeboten werden soll. Die Infrastrukturbetreiber haben dabei in ihren Investitionskalkülen zu berücksichtigen, daß die Grenzkosten des zusätzlichen Netzausbaus sowohl im Hinblick auf den Versorgungsgrad als auch auf die Übertragungskapazität ansteigen.

Die Übertragungswege für analoge TV-Programmdienste haben in Deutschland gegenwärtig folgenden Ausbaustand erreicht[18]:

- Je nach Standort können terrestrisch zwischen 3 und 13 analoge TV-Signale empfangen werden, d.h. eine 100%ige Abdeckung des Bundesgebietes ist nur für drei TV-Programmdienste möglich. Im Bundesdurchschnitt wurden 1996 terrestrisch 6,7 Programmdienste empfangen.

---

18    Vgl. J. Zimmer, Fernsehempfang: in Zukunft Satellit vor Kabel? In: Media Perspektiven 1998, 352 ff.

- Der Versorgungsgrad von Rundfunksatelliten ist einheitlich für alle übertragenen Programme und liegt aufgrund von Gebäudeabschattungen etwas unter 100%. Die beiden Satellitensysteme (Orbitpositionen), über die die meisten deutschsprachigen TV-Programmdienste übertragen werden, haben zur Zeit 40 bzw. 88 Transponder mit analogen Programmen belegt. Satellitenhaushalte haben 1996 im Bundesdurchschnitt 59,4 verschiedene Programme empfangen.
- Die Breitbandkabelnetze der Netzebene 3 haben einen Versorgungsgrad von knapp 70% erreicht. Ihre Übertragungskapazität (Nutzung des Frequenzspektrums bis 450 MHz) liegt potentiell bei 46 analogen TV-Kanälen, von denen jedoch überwiegend nur 33 genutzt wurden. Der Rest wird für digitale Kanäle verwendet bzw. vorgehalten oder kann aus technischen Gründen nicht belegt werden. Gemeinschaftsantennenanlagen der Netzebene 4 sind teilweise bereits bis 606 MHz ausgebaut, dies entspricht einer Übertragungskapazität von 65 analogen TV-Kanälen. 1996 empfingen Kabelhaushalte im Durchschnitt 28,2 Programme.

Kapazitätsengpässe für die Distribution analoger TV-Programmdienste bestehen in Deutschland damit gegenwärtig im Bereich der terrestrischen Übertragung und der Kabelübertragung.

### *1.2.1.1.3 Kaufprogramme*

Alle TV-Programmdienste setzen sich aus einzelnen TV-Sendungen zusammen, die sich nach Inhalt und Dramaturgie bestimmten Sendeformaten zuordnen lassen (Fiktion, Spiel-Shows, Talk-Shows, Sportsendungen, Nachrichten, usw.). Jeder TV-Veranstalter hat hierbei grundsätzlich die Wahl, die einzelnen Sendungen in Eigenproduktion herzustellen oder als fertiges Produkt von Dritten zu kaufen.

Bei der Entscheidung „make or buy" spielen verschiedene Faktoren eine Rolle. So können spezialisierte Unternehmen ihre Produktionskapazitäten in der Regel besser auslasten als ein TV-Veranstalter mit breiter Programmpalette, so daß sie in der Regel kostengünstiger produzieren. Andererseits läßt sich bei einer Eigenproduktion die Produktqualität besser kontrollieren und so das Ziel jedes TV-Veranstalters, ein eigenes unverwechselbares Programm-Profil zu entwickeln, besser erreichen.[19] Bei der Entscheidung ist außerdem von Bedeutung, welche Art von Eigentumsrechten (Urheberrecht, Rechte eines Sportveranstalters usw.) bei der Ausstrahlung bestimmter TV-Sendungen zu berücksichtigen sind. Je größer die Akzeptanz von Wiederholungen beim Zuschauer, d.h. je länger der Verwertungszeitraum einer Sendung, desto sinnvoller wird es für einen TV-Veranstalter, sich durch Eigenproduktion einen möglichst großen Teil der Eigentumsrechte zu sichern.

---

19   Vgl. J. Heinrich (Fn. 10).

Die sehr spezifische Nachfrage jedes einzelnen TV-Veranstalters erklärt, warum es für Sendeformate, die sich ausschließlich im Fernsehen verwerten lassen, lediglich einen eingeschränkten Programmarkt gibt. Nur wenige Unternehmen produzieren TV-Sendungen auf eigenes Risiko und suchen anschließend nach einem Käufer (solche Ausnahmen sind beispielsweise TV-Nachrichtenagenturen). Die übliche Form der Vertragsbeziehung zwischen TV-Produktionsunternehmen und TV-Veranstalter ist vielmehr die Auftragsproduktion. Der TV-Veranstalter übernimmt die Produktionskosten in einem vereinbarten Rahmen und erhält dafür sowohl Einflußmöglichkeiten auf den laufenden Herstellungsprozeß als auch die exklusiven Erstausstrahlungsrechte. In welchem Umfang gleichzeitig auch Zweitverwertungsrechte (Wiederholungsrechte, Vertriebsrechte für das Ausland, Videoverwertung usw.) erworben werden, hängt von der Vertragsgestaltung ab.

Soweit von einem Markt für TV-Produktionen gesprochen werden kann, handelt es sich also überwiegend um das Angebot von Zweitverwertungsrechten durch andere TV-Veranstalter oder durch TV-Produzenten aus dem Ausland. Die Zuschauerattraktivität und damit der Wert dieser TV-Produktionen ist im Vergleich zu erstausgestrahlten Eigen- und Auftragsproduktionen meist geringer. Insbesondere bei im Ausland hergestellten TV-Produktionen verhindern kulturelle Barrieren oft gänzlich eine sinnvolle Zweitverwertung.[20] Neben fertigen TV-Sendungen werden deshalb im internationalen Bereich auch Programmideen (Formate für Spielshows, Talkshows, Situationskomödien usw.) gehandelt, d.h. das Recht, im Ausland erfolgreiche TV-Sendungen an die nationalen Fernsehgewohnheiten anzupassen.

Hiervon zu unterscheiden sind Kaufprogramme, bei denen die TV-Ausstrahlung nur eine von mehreren Verwertungsformen darstellt. Dies gilt insbesondere für die Übertragung von Sportereignissen und für Kinofilme – zwei Sendeformate, die wegen ihrer teilweise hohen Zuschauerattraktivität für TV-Veranstalter von großer Bedeutung sind.

### 1.2.1.1.3.1 Der Markt für Sportübertragungsrechte

Der Veranstalter eines Sportereignisses steht vor der Aufgabe, seine Gesamteinnahmen aus verschiedenen Einkommensquellen zu optimieren[21]:

– Einnahmen aus dem Verkauf von Eintrittskarten
– Sponsoreinnahmen bzw. Einnahmen aus der Vermarktung von Werbeflächen am Veranstaltungsort

---

20  Vgl. J. Zimmer, Auftrieb für fiktionale Fernsehproduktion in Deutschland, MP 1998, 2 ff.
21  Einen Überblick über den Sportrechtemarkt geben folgende Aufsätze: C. Cowie/M. Williams, The economics of sports rights, Telecommunications Policy, Special Issue (Fn. 8), 619 ff.; M. Amsinck, Der Sportrechtemarkt in Deutschland, MP 1997, 62 ff; E. van Westerloo, Sportrechte: Preisskala nach oben offen? MP 1996, 524 ff.

– Einnahmen aus dem Verkauf der TV-Übertragungsrechte (Live-Berichterstattung und/oder Zusammenschnitte der Höhepunkte).

Da die Sponsor- und Werbeeinnahmen von der Zahl der zu erwartenden Werbekontakte abhängen, müssen TV-Veranstalter mit einem geringeren Zuschauerpotential (z.B. Pay-TV-Programmdienste oder Free-TV-Sender mit geringer technischer Reichweite) für Live-Übertragungen – sofern sie überhaupt den Zuschlag erhalten – zur Kompensation meist höhere Preise zahlen als TV-Veranstalter mit größerer technischer Reichweite. Umgekehrt kann es vorkommen, daß Veranstalter aus Randsportarten den TV-Veranstaltern kostenlose Übertragungen anbieten, um so ihr Werbeeinnahmenpotential zu vergrößern.

Pay-TV und Free-TV-Veranstalter wägen die Programmkosten ihrer Sportsendungen – zu den Rechtekosten kommen noch die Herstellungskosten des TV-Bildes und der begleitenden eigen- oder auftragsproduzierten Sportrahmenprogramme hinzu – gegen die damit erreichbaren Zuschauer- bzw. Abonnentenzahlen ab. Diese Kosten/Nutzen-Rechnung berücksichtigt meist nicht allein eine einzelne Sendung, sondern auch den langfristigen Effekt auf das Profil des eigenen TV-Programmdienstes.

Die Zuschauerresonanz auf Sportsendungen geht allerdings weit auseinander. Grundsätzlich gilt, daß Live-Übertragungen oder aktuelle Zusammenschnitte attraktiver sind als Zweitverwertungen. Entscheidend sind jedoch die Popularität der jeweiligen Sportart sowie der am Wettkampf beteiligten Sportler im Verbreitungsgebiet des TV-Veranstalters. Hohe Einschaltquoten garantieren jeweils nur wenige Sportarten und Sportler.

Bei derartigen Top-Sportveranstaltungen tritt der Veranstalter immer seltener selbst als Vermarkter auf. Statt dessen werden die Vermarktungsrechte an spezialisierte Sportrechteagenturen vergeben, die einen vertraglich fixierten Anteil an den einzelnen Einkommensarten erhalten. TV-Übertragungsrechte werden dabei sowohl für Einzelveranstaltungen als auch im Paket für mehrere Sportereignisse (z.B. alle Spiele einer Fußballsaison) angeboten. Umstritten ist dabei insbesondere die Stellung von Sportverbänden gegenüber ihren einzelnen Mitgliedern. Eine Vermarktung von Übertragungsrechten durch Verbände, bei denen Mitgliedsvereine als Veranstalter fungieren, wird beispielsweise von der EU-Kommission und dem Kartellamt als preissteigerndes Kartell gewertet.[22]

Um eine möglichst hohe Planungssicherheit für die eigene Programmgestaltung zu erreichen, und um das Risiko von Investitionen in die Sportrahmenprogramme zu begrenzen, haben TV-Veranstalter in der Regel ein Interesse an mehrjährigen Laufzeiten der Lizenzverträge. Je länger die Laufzeit, desto größer ist andererseits das Risiko einer Fehlbewertung durch Verkäufer

---

22  Vgl. H. Beck/A. Prinz, Sport im Pay-TV: Ein Fall für die Medienpolitik? In: Wirtschaftsdienst 1998/IV, 224 ff.

und Käufer, da sich die Popularität von Sportarten und Sportlern mit der Zeit verändern kann.

### 1.2.1.1.3.2 TV-Ausstrahlungsrechte für Kinofilme

Die Produzenten von Kinofilmen stehen ebenfalls vor der Aufgabe, ihre Gesamteinnahmen aus Kinoverwertung, Videoverwertung und TV-Verwertung zu optimieren.[23] Die Kinoverwertung hat insofern einen besonderen Stellenwert, als der Kinoerfolg als Gradmesser für die Attraktivität eines Filmes gilt und deshalb auch den Wert auf allen anderen Verwertungsstufen mitbestimmt.

Die Abfolge der möglichen Verwertungsstufen wird so gewählt, daß die Zahlungsbereitschaft der Zuschauer möglichst vollkommen abgeschöpft werden kann: Der Film wird von Stufe zu Stufe schrittweise billiger angeboten, wobei durch Auswertungssperren festgelegt wird, ab wann die Verwertung auf der nächst folgenden Stufe beginnen kann. Bei der Festlegung dieser Verwertungsfenster gilt es einerseits, möglichst allen potentiellen Nachfragern mit höherer Zahlungsbereitschaft die Möglichkeit zum Kauf zu geben, andererseits muß aber auch berücksichtigt werden, daß Filme mit der Zeit „veralten". Sind die exklusiven Verwertungsfenster für die ersten Stufen zu lang, besteht das Risiko, daß die Gesamteinnahmen insgesamt geringer ausfallen als bei einer kürzeren Verwertungsfolge.

Die typische Verwertungskette einer *Kinofilmneuproduktion* hat zur Zeit folgenden Ablauf: Kinoverwertung, Videoverleih, Pay-per-view, Videoverkauf, Pay-TV, Free TV-Erstausstrahlung. Rechnet man die *TV-Ausstrahlungen alter Filme* („Archive") als weiteres Verwertungsfenster hinzu, so kommen TV-Veranstalter auf vier verschiedenen Verwertungsstufen als Nachfrager in Betracht. Pay-per-view-Dienste erhalten Kinofilme in der Regel 6-9 Monate nach der Kinopremiere, Pay-TV-Kanäle nach 9-12 Monaten und Free-TV-Kanäle nach 18-24 Monaten.[24]

Wie bereits erwähnt, gilt der Kinoerfolg als Indikator für die Zuschauerattraktivität, nach der sich auch der Wert des Kinofilms für TV-Veranstalter bemißt. Wie bei den Sportübertragungsrechten gibt es deshalb auch hier große Qualitätsunterschiede. Die großen Kinoerfolge werden als Blockbuster-Filme bezeichnet, aufwendig produzierte, aber weniger erfolgreiche Kinofilme als A-Filme, die Filme mit geringeren Budgets (und damit in der Regel auch mit geringerem Zuschauererfolg) als B- oder C-Filme.

Im Hinblick auf die bevorzugten Herkunftsländer der Kinofilmproduktionen unterscheidet sich das Nachfrageverhalten der TV-Zuschauer kaum von

23  Vgl. H. Vogel, Entertainment Industry Economics, Cambridge (Mass.) 1990; B. Frank, Zur Ökonomie der Filmindustrie, Hamburg 1993; T. Röscheisen, Film- und Fernsehproduktion für internationale Märkte, München 1997.

24  Europäische Audiovisuelle Informationsstelle (Fn. 7), S. 185.

dem der Kinobesucher. Die mit Abstand gefragtesten Kinofilme im Fernsehen sind US-Spielfilme, gefolgt von nationalen Spielfilmproduktionen und denen anderer europäischer Länder.[25] Produktionen aus anderen Kulturkreisen sind nur selten verwertbar. Dies gilt beispielsweise für die meisten Filme aus dem größten Filmland der Welt, Indien. Bei TV-Premieren ausländischer Filme muß der deutsche TV-Veranstalter oft neben den Rechtekosten auch noch die Synchronisationskosten tragen und in seine Kosten-Nutzen-Überlegung einbeziehen.

Beim Einkauf von Kinofilmrechten gibt es für deutsche TV-Veranstalter drei Typen von Vertragspartnern:

– unabhängige Produzenten mit wenigen Neuproduktionen pro Jahr
– die US-Majors (Hollywood Studios), die pro Jahr bis zu 25 Neuproduktionen – darunter nicht nur selbst produzierte – vermarkten und gleichzeitig über Rechte an TV-Produktionen und über große Filmbibliotheken verfügen
– nationale Importeure, die als Zwischenhändler auftreten und die zeitlich befristete Lizenzen zur Verwertung großer Filmpakete im deutsch-sprachigen Raum gekauft haben.

Eine weitere Möglichkeit für TV-Veranstalter, sich Ausstrahlungsrechte für Kinofilme zu sichern, sind Co-Finanzierungen von Filmproduktionen, wobei Finanzierungsanteil und Umfang der damit erworbenen Verwertungsrechte von Fall zu Fall sehr unterschiedlich sein können.

Wegen der großen Bedeutung der US-Majors für das Angebot attraktiver Filme ist deren Vertragsgestaltung von besonderer Bedeutung für die deutschen TV-Veranstalter. Zwar können auch Ausstrahlungsrechte für einzelne Filme erworben werden, üblich sind jedoch Paketgeschäfte über mehrere Produktionen. In den letzten Jahren waren insbesondere sog. „Outputdeals" üblich.[26] Ein TV-Veranstalter oder Zwischenhändler erwirbt für 5 bis 10 Jahre im voraus alle Neuproduktionen, die eines der großen Studios vermarktet. Der Vorteil für einen TV-Veranstalter liegt in einer relativ sicheren Versorgung mit neuen Kinofilmen. Der Nachteil liegt in Kopplungsgeschäften mit TV-Produktionen, die in Deutschland nur zum Teil verwertbar sind, sowie im Risiko, daß das betreffende Studio in diesem Zeitraum weniger erfolgreiche Filme produziert bzw. vermarktet als die anderen US-Majors.

Zwischenhändler, die entsprechende Verträge mit mehreren Studios und unabhängigen Produzenten abschließen, haben die Möglichkeit, durch Bildung kleinerer und stärker auf das Profil einzelner TV-Veranstalter zugeschnittener Pakete, einen Verwertungsgewinn zu erzielen. Andererseits er-

---

25    J. Zimmer (Fn. 20).
26    Europäische Audiovisuelle Informationsstelle (Fn. 7), S. 206 ff.

höht sich aber auch das Problem der Koppelung zwischen den besser verwertbaren Kinofilmen und den weniger gut verwertbaren TV-Produktionen. Nicht üblich ist bislang die Kopplung von Pay-TV- und Free-TV-Rechten. Ausnahmen sind Co-Finanzierungen von Kinofilmen im Ausland, für die im Gegenzug sämtliche Verwertungsrechte im deutschsprachigen Raum (d.h. für TV-, Video- und Kinoverwertung) erworben werden.

### 1.2.1.2 Marktgröße und Anbieterstruktur auf den einzelnen Teilmärkten im Jahr 1996

Die Größe eines Marktes läßt sich sowohl nach dem Wert als auch nach der Menge der gehandelten Güter quantifizieren. Im Fall der soeben beschriebenen TV-Märkte treten hierbei allerdings folgende grundsätzliche Schwierigkeiten auf:

– Soweit es sich um Dienstleistungsmärkte handelt, auf denen keine standardisierten Leistungen erbracht werden, ist eine geeignete Mengendefinition, die das gesamte Marktgeschehen abbildet, nicht immer möglich.

– Bei der Verwendung von Wertgrößen tritt dieses Problem zwar nicht auf, entsprechende Umsatzzahlen für TV-Märkte werden von der amtlichen Statistik jedoch kaum erfaßt, d.h. die Transparenz der TV-Märkte ist nicht sehr hoch.

Die folgenden Marktübersichten basieren deshalb teilweise auf Schätzungen, bei denen die verfügbaren Daten aus möglichst vielen nichtamtlichen Quellen (Unternehmens- und Verbandsstatistiken sowie empirische Studien mit Primärerhebungen) verwendet wurden.[27] Ziel ist insofern nicht eine exakte Bestimmung von Marktgrößen und Marktanteilen, sondern die Darstellung der wesentlichen Größenordnungen der jeweiligen Märkte.

Der Stand der horizontalen Konzentration auf den einzelnen Teilmärkten wird anhand der Verteilung der Marktanteile von Unternehmen bzw. Unternehmensgruppen bestimmt. Als marktbeherrschende Stellung werden in Anlehnung an das Kartellrecht folgende Marktanteile bezeichnet:

– ein Unternehmen erreicht 33% Marktanteil
– zwei oder drei Unternehmen erreichen zusammen 50% Marktanteil
– vier oder fünf Unternehmen erreichen zusammen 60% Marktanteil.

---

27  Als Quellen dienten insbesondere folgende Datensammlungen und Studien:
   Europäische Audiovisuelle Informationsstelle: Statistische Jahrbücher '97 und '98, zitiert als EAO-Jahrbuch 1997 bzw. 1998;
   Media Perspektiven Basisdaten: Daten zur Mediensituation in Deutschland 1997, zitiert als Media Perspektiven 1997;
   DLM-Studie: „Beschäftigung und wirtschaftliche Lage des Rundfunks in Deutschland 1996/97", zitiert als DLM-Studie 1998;
   SPIO: Filmstatistisches Taschbuch '97, zitiert als SPIO 1997;
   VPRT-Studie: „Entwicklung der BK-Netze in Deutschland Teil I", zitiert als VPRT 1997.

Um eine möglichst konsistente Darstellung zu ermöglichen, beziehen sich alle Daten auf das Jahr 1996, für das das umfangreichste Quellenmaterial vorliegt. Soweit bereits für 1997 Daten vorhanden und wesentliche Veränderungen zum Vorjahr eingetreten sind, wird dies besonders vermerkt.

### 1.2.1.2.1 Free-TV-Markt

Im Jahr 1996 hatten die deutschen Veranstalter von Free-TV-Programmdiensten Gesamteinnahmen von rund 15,4 Mrd. DM, von denen rund 46% auf Werbeeinnahmen und 36% auf Rundfunkgebühren entfielen (Tabelle 1.2.1). Die Einnahmen ausländischer Free-TV-Veranstalter in Deutschland fallen dem gegenüber kaum ins Gewicht. Weitere Einnahmen wurden durch Programmverkäufe, Auftragsproduktionen, staatliche Zuwendungen oder Merchandising erzielt.[28]

**Tabelle 1.2.1: Free- und Pay-TV-Märkte: Einnahmen 1996**

|  | in Mill. DM | Anteil in % |
|---|---|---|
| **Einnahmen der Free-TV-Veranstalter** |  |  |
| Gesamteinnahmen | 15.300 | 100,0 |
| davon |  |  |
| Werbeeinnahmen* | 7.140 | 46,4 |
| TV-Rundfunkgebühren | 5.565 | 36,2 |
| Sonstige Einnahmen** | 2.685 | 17,4 |
| Einnahmen der Pay-TV-Veranstalter*** | 690 | - |

\*     Einschließlich Sponsoring and Tele-Shopping
\**    Programmverkäufe, Auftragsproduktionen, usw.
\***   Geschätzt
Quellen: DLM-Studie 1998, Berechnungen des DIW.

Basis für die Rundfunkgebühreneinnahmen sind die angemeldeten TV-Apparate. Im Jahresdurchschnitt 1996 waren 32,8 Mill. Geräte bei der GEZ angemeldet, davon 31,5 Mill. in Privathaushalten. Nach verschiedenen Repräsentativerhebungen verfügen allerdings rund 96% aller Privathaushalte tatsächlich über mindestens einen TV-Apparat. Auf Basis der Haushaltszahlen des Statistischen Bundesamtes wären dies 35,8 Mill.[29] Die Zahl der „Schwarzseher"-Haushalte hätte 1996 demnach bei 4,3 Mill. (oder 12% aller Privathaushalte) gelegen (Tabelle 1.2.2).

Als grober Mengenindikator für die von den Free-TV-Veranstaltern erbrachten Werbekontaktleistungen kann die durchschnittliche Sehdauer der TV-Zuschauer verwandt werden. Nach den zur Zeit in Deutschland üblichen Konventionen werden hierbei Kinder unter 3 Jahren und alle Zuschauer in Ausländerhaushalten nicht miterfaßt. Im Jahre 1996 betrug die durchschnitt-

---

28   DLM-Studie 1998 (Fn. 27).
29   Wirtschaft und Statistik, N. 5/1997.

liche tägliche Sehdauer der deutschen Zuschauer ab 3 Jahren 183 Minuten, die der Zuschauer ab 14 Jahren 195 Minuten. Auf die für die Werbewirtschaft interessantere Zielgruppe der Erwachsenen entfiel damit ein Anteil von 93% an der Gesamtsehdauer.[30]

Die Berechnung von Marktanteilen nach Sehdauer, Werbeumsätzen und addierten Einnahmen aus Gebühren und Werbung wird im folgenden sowohl für einzelne TV-Veranstalter bzw. Programmdienste als auch für Anbietergruppen durchgeführt. Die Zuordnung zu Anbietergruppen erfolgt nach den Kriterien des Rundfunkstaatsvertrages, d.h. einer Kapitalbeteiligung von 25% oder höher bzw. vergleichbaren Einflußmöglichkeiten. Die Anteile der Familie Kirch werden ebenso zusammengerechnet wie die TV-Programme der verschiedenen öffentlich-rechtlichen Veranstalter.

Die Anteile an den Gesamteinnahmen können als Kriterium für die Finanzkraft und damit für die Marktstellung auf den Beschaffungsmärkten betrachtet werden. Die Werbemarktanteile zeigen die Marktstellung der Veranstalter und Anbietergruppen auf dem Werbemarkt, die Sehdaueranteile das medienpolitisch relevante Einflußpotential auf die Meinungsbildung.

**Tabelle 1.2.2: Free- und Pay-TV-Märkte: Volumen 1996**

| Sehdauer der TV-Zuschauer* | Zahl der Zuschauer in Mill. | Durchschnittl. Sehdauer Min./Tag | Anteil an der Gesamtsehdauer in % |
|---|---|---|---|
| Zuschauer ab 3 Jahre davon: | 72,7 | 183 | 100,0 |
| Zuschauer ab 14 Jahren | 63,3 | 195 | 93,0 |
| Zuschauer 3 bis 13 Jahre | 9,4 | 101 | 7,0 |

| Zahl der TV-Haushalte und Pay-TV-Abonnenten** | Anzahl in Mill. | Anteil in % |
|---|---|---|
| Bevölkerung | 81,9 | - |
| Private Haushalte | 37,3 | - |
| TV-Haushalte*** | 35,8 | 100,0 |
| Angemeldete TV-Geräte in Privathaushalten | 31,5 | 88,0 |
| Pay-TV-Abonnenten | 1,2 | 3,3 |

\* Nur deutsche Zuschauer
\*\* Jahresdurchschnitte
\*\*\* Geschätzt; einschließlich Ausländerhaushalte
Quellen: Media Perspektiven 1997; EAO-Jahrbuch 1998; Statistisches Bundesamt; Berechnungen des DIW.

Betrachtet man zunächst die Marktanteile der einzelnen Veranstalter, so zeigt sich, daß der höchste Grad der horizontalen Konzentration auf dem TV-Werbemarkt erreicht wird. Zwar besitzt kein einzelner Veranstalter allein eine marktbeherrschende Stellung, die drei größten privaten Veranstalter kamen 1996

---

30 W. Darschin/B. Frank, Tendenzen im Zuschauerverhalten, Fernsehgewohnheiten und Programmbewertung 1996, Media Perspektiven 1997, 174 ff.

jedoch zusammen auf einen Werbemarktanteil von fast 75%. Wegen der Werbezeitbeschränkung im öffentlich-rechtlichen Fernsehen sind ARD und ZDF erst an fünfter bzw. sechster Stelle der Rangfolge zu finden (Tabelle 1.2.3). Die Rangfolge verändert sich zugunsten der beiden öffentlich-rechtlichen Veranstalter, wenn man die Sehdaueranteile zugrundelegt. Die ARD kommt einschließlich ihrer 3. Programme insgesamt allein auf 25% Marktanteil, gefolgt von dem Marktführer der privaten Veranstalter, RTL, und dem ZDF. Zusammen erreichen diese drei Veranstalter einen Sehdaueranteil von etwa 55%. Addiert man die Werte der fünf größten Veranstalter, so steigt der gemeinsame Zuschauermarktanteil sogar auf nahezu 80%.

Ein ähnliches Bild ergibt sich, wenn man die gesamten Einnahmen der Free-TV-Veranstalter aus Rundfunkgebühren und Werbung betrachtet. Die beiden öffentlich-rechtlichen Veranstalter konnten 1996 über knapp die Hälfte der Gesamteinnahmen verfügen. Gemeinsam mit den drei privaten Marktführern erreichte ihr Anteil sogar die 90%-Marke.

**Tabelle 1.2.3: Horizontale Konzentration auf dem Free-TV-Markt 1996**

| Anbietergruppe bzw. TV-Veranstalter | Kapital- anteile**** | Anteile an... | | |
|---|---|---|---|---|
| | | ... der Sehdauer (Zuschauer ab 3 Jahren) | ... den Nettowerbeumsätzen | ... den Gebühren- und Werbeeinnahmen |
| | in % | in % | in% | in % |
| **Öffentl.-rechtl.** | - | | | |
| **Veranstalter** | | 40,5 | 9,2 | 49,3 |
| davon: | | | | |
| ARD1/ARD3 | - | 25,0 | 4,3 | 33,3 |
| ZDF | - | 14,4 | 4,9 | 16,0 |
| 3SAT | - | 0,9 | - | - |
| ARTE | - | 02 | - | - |
| **Familie Kirch** | | 27,7 | 48,3 | 27,0 |
| davon: | | | | |
| SAT1* | 58,0 | 13,3 | 23,5 | 13,1 |
| Pro7** | 60,0 | 9,4 | 20,4 | 11,4 |
| Kabel1** | 60,0 | 3,9 | - | - |
| DSF* | 66,5 | 1,1 | - | - |
| **CLT-Ufa** | | 25,9 | 38,4 | 21,5 |
| davon: | | | | |
| RTL | 89,0 | 16,5 | 29,1 | 16,3 |
| RTL2 | 33,4 | 4,2 | 5,7 | 3,2 |
| Vox*** | 24,9 | 3,0 | - | - |
| SuperRTL | 50,00 | 2,2 | - | - |
| **Übrige** | | | | |
| **Veranstalter** | | 5,9 | 4,0 | 2,3 |

\*     Anteile der Kirch-Gruppe (Leo Kirch)
\*\*    Anteile von Thomas Kirch
\*\*\*   Sperrklausel im Gesellschaftervertrag
\*\*\*\* Stand Mitte 1997
Quellen: DLM-Studie 1998; EAO-Jahrbuch 1998; Media Perspektiven 1997; Berechnungen des DIW.

Berücksichtigt man zusätzlich, daß ARD und ZDF in vielen Bereichen eng kooperieren, und die drei privaten Marktführer über Kapitalbeteiligungen oder familiäre Beziehungen Einflußmöglichkeiten auf 5 von 12 kleineren privaten Free-TV-Veranstaltern haben[31], so ergibt sich folgendes Gesamtbild:

– Auf dem Zuschauermarkt stehen den öffentlich-rechtlichen Veranstaltern zwei nahezu gleich starke private Anbietergruppen gegenüber, alle übrigen Veranstalter aus dem In- und Ausland erreichten 1996 zusammen lediglich 6% Sehdauerranteil.

– Den TV-Werbemarkt dominieren diese beiden privaten Anbietergruppen allein, auf die öffentlich-rechtlichen Veranstalter und die übrigen privaten Anbieter entfielen 1996 zusammen lediglich 13% der Nettowerbeumsätze.

Die starke Marktstellung der führenden privaten Anbietergruppen erscheint gegenwärtig durch Newcomer kaum angreifbar. Nahezu alle nach 1992 neu gestarteten werbefinanzierten privaten Programme mußten 1996 betriebliche Verluste hinnehmen.[32]

### 1.2.1.2.2 Pay-TV-Markt
Im Jahr 1996 wurde in Deutschland nur ein einziger analoger Pay-TV-Programmdienst (Premiere) angeboten. Anteilseigner sind CLT/Ufa, Leo Kirch und Canal plus. Die beiden größten Anbietergruppen im Free-TV streben eine Änderung der Beteiligungsverhältnisse an und wollen das Unternehmen je zur Hälfte übernehmen.

Premiere hatte 1996 im Jahresdurchschnitt eine Abonnementenzahl von knapp 1,2 Mill., d.h. etwa 3,4% der TV-Haushalte waren Pay-TV-Abonnenten. Der geschätzte Bruttoumsatz betrug rund 690 Mill. DM. Die Rentabilitätsschwelle wurde trotz dieser Monopolstellung allerdings erst 1997 – sechs Jahre nach dem Sendestart – erreicht, als die Abonnentenzahl auf über 1,3 Mill. stieg.

### 1.2.1.2.3 Distribution von TV-Programmen
Der Umsatz, der 1996 in Deutschland mit dem Transport von TV-Signalen erzielt wurde, läßt sich wegen der ungenügenden Angaben zum Umsatz der Betreiber von Gemeinschaftsantennenanlagen nur teilweise schätzen (Tabelle 1.2.4). Geht man allein von den Angaben der TV-Veranstalter und des ehemaligen Monopolisten im Telekommunikationsbereich, der Deutschen Telekom AG, aus, betrug er rund 3,85 Mrd. DM[33]. Unter Berücksichtigung der

---

31  Nicht zuzurechnen waren 1997 die Veranstalter MTV/VH1, Onyx, Viva, tm3, Nickelodeon und der Wetterkanal.
32  DLM-Studie 1998 (Fn. 27), S. 63 ff.
33  Deutsche Telekom AG (Hrsg.), Geschäftsbericht 1996 sowie DLM-Studie 1998 (Fn. 27).

Umsätze der übrigen Netzbetreiber dürfte die DTAG damit auf einen Umsatzanteil von 80 bis 90% gekommen sein. Auffällig ist, daß weniger als 30% der Gesamtumsätze aus Zahlungen der TV-Veranstalter stammten. Allein 2,8 Mrd. Umsatz erzielte die DTAG durch Zahlungen der TV-Haushalte, entweder direkt von Einzelkunden oder indirekt über Zahlungen der Wohnungsunternehmen und sonstiger Betreiber von Gemeinschaftsantennenanlagen. Dennoch war das Breitbandkabelnetz der DTAG defizitär.

**Tabelle 1.2.4: Distribution von TV-Programmdiensten: Umsatzschätzung 1996**

| Übertragungsweg | Geschätzter Umsatz ... (in Mill. DM) | | |
|---|---|---|---|
| | insgesamt | ... mit TV-Veranstaltern | ... mit TV-Zuschauern* |
| Terrestrische Sender | 550 | 550 | 0 |
| Rundfunksatelliten | 400 | 400 | 0 |
| Breitbandkabelnetze | 2.900 | 100 | 2.800 |
| Alle Übertragungswege | 3.850 | 1.050 | 2.800 |

\* Ohne Zahlung von Privathaushalten und Wohnungsunternehmen an private Netzbetreiber.
Quelle: DLM-Studie 1998; Schätzungen des DIW.

Die Einflußmöglichkeiten einzelner Unternehmen auf dem Distributionsmarkt für TV-Signale sind wegen der unterschiedlichen Kosten der drei Übertragungswege allerdings besser am Anteil an der erbrachten Transportleistung festzumachen als an ihrem Umsatzanteil. Als Indikator für diese Transportleistung wird im folgenden die technische Reichweite des einzelnen Übertragungsweges verwendet.

Das Reichweitenpotential der drei Übertragungswege ist unterschiedlich hoch. Ende 1996 hatten rund 95% der TV-Haushalte die Wahl zwischen terrestrischem Empfang und Satellitenempfang. Rund 80% konnten sich sogar zwischen allen drei Übertragungswegen entscheiden, wobei zu berücksichtigen ist, daß 45% aller TV-Haushalte ihre TV-Signale über Gemeinschaftsantennenanlagen beziehen. Für diese Entscheidung ist in erster Linie die jeweilige Übertragungskapazität relevant. Nimmt man die durchschnittliche Zahl der empfangenen Programme je Übertragungsweg zum Maßstab, so lag die Kapazität der Rundfunksatelliten Ende 1996 beim 7-fachen und die der Breitbandkabelnetze beim 4-fachen der terrestrischen Sendernetze (Tabelle 1.2.5).

Zwei repräsentative Umfragen im Auftrag der Arbeitsgemeinschaft Media Analyse bzw. des Satellitenbetreibers SES kommen zu unterschiedlichen Ergebnissen, was die Aufteilung der TV-Haushalte auf die einzelnen Empfangsarten Ende 1996 betrifft. Zur Berechnung der technischen Reichweite der drei Übertragungswege wurde deshalb im folgenden der Mittelwert aus beiden Erhebungen verwendet. Danach hatten die Breitbandkabelnetze eine technische Reichweite von 19,7 Mill. TV-Haushalten (55% aller TV-Haushalte in Deutschland), und die Rundfunksatelliten von 10,5 Mill. (gleich

29%). Über die terrestrischen Sender empfingen nur noch 5,6 Mill. TV-Haushalte (gleich 16%) ihre TV-Signale.[34]

**Tabelle 1.2.5: Übertragungskapazitäten und technische Reichweiten der Übertragungswege Ende 1996**

| TV-Übertragungsweg | Geschätztes Reichweiten-potential | Durch-schnittl. Zahl der empfangenen Programme | Anteile der Empfangsarten | | Geschätzte technische Reichweite | | |
|---|---|---|---|---|---|---|---|
| | | | AGF/GfK | SES/ Infratest | Zahl der TV-Haushalte | | |
| | | | | | insg.* | Einzel-empfang | GAAs** |
| | % | Anzahl | in % | | in Tausend | | |
| Terrestrische Sender | 100,0 | 7,6 | 16,7 | 14,4 | 5.567 | 5.567 | 0 |
| Rundfunk-satelliten | 98,0 | 59,4 | 26,5 | 32,1 | 10.489 | 6.713 | 3.776 |
| Breitband-kabelnetze | 78,0 | 28,2 | 56,8 | 53,5 | 19.744 | 6.700 | 13.044 |
| Alle Über-tragungs-wege | - | 32,7 | 100,0 | 100,0 | 35.800 | 18.980 | 16.820 |

\* Mittelwert der beiden Quellen zur Aufteilung der Empfangsarten bezogen auf die Zahl aller TV-Haushalte in Deutschland.
\*\* Aufteilung von Einzelempfang und Gemeinschaftsantennenanlagen für den Satellitenempfang: SES-Erhebung; für den Kabelempfang: VPRT-Schätzung.
Quellen: EAO-Jahrbuch 1998; Media-Perspektiven 1997; VPRT 1997; Schätzungen des DIW.

Die horizontale Konzentration auf dem Markt für TV-Distributionsleistungen ist bei allen drei Übertragungswegen sehr hoch (Tab. 1.2.6):

– Rund 90% der Übertragungsleistung der terrestrischen Sender wird von der DTAG erbracht, der einzige zusätzliche Anbieter ist die ARD, die bislang als einziger Veranstalter über ein eigenes Sendernetz verfügen kann.

– Rund 85% der Kabelhaushalte beziehen ihre TV-Signale direkt oder über Gemeinschaftsantennenanlagen von der DTAG, der Rest ist an kleinere und mittlere grundstücksübergreifende Netze anderer Betreiber angeschlossen.

– Bei der Rundfunksatellitenübertragung werden fast ausschließlich die Systeme zweier ausländischer Betreiber genutzt, wobei rund 70% der Transportleistung auf SES und 25% auf Eutelsat entfallen.[35]

---

34  In diesen Zahlen sind die TV-Zweit- oder Drittapparate allerdings nicht berücksichtigt. Wenn man unterstellt, daß diese rund 13,5 Mill. Zusatzempfangsgeräte überwiegend nicht für den Satelliten- oder Kabelempfang ausgerüstet sind, nimmt die Bedeutung des terrestrischen Übertragungsweges wieder zu.
35  An beiden Unternehmen hält die DTAG Kapitalbeteiligungen, allerdings jeweils deutlich unter 25%.

Werden die Marktanteile dieser Unternehmen auf den Gesamtmarkt bezogen, so zeigt sich, daß der ehemalige Monopolist DTAG nicht nur bezogen auf den Umsatz sondern auch hinsichtlich des Indikators technische Reichweite eine überragende Marktstellung besitzt. Dies gilt sowohl, wenn man die Zahl der TV-Haushalte als Berechnungsbasis nimmt (Anteil rund 60%) als auch für die Zahl aller TV-Apparate (Anteil rund 70%). Mit deutlichem Abstand (und Anteilen von 20% bzw. 15%) folgt das luxemburgische Unternehmen SES.

### 1.2.1.2.4 Fiktionprogramme

Innerhalb der TV-Programmdienste haben fiktionale Unterhaltungssendungen einen hohen Stellenwert. Von den rund 208 000 Programmstunden ohne Werbung, die 1996 von den öffentlich-rechtlichen und bundesweiten privaten TV-Veranstaltern ausgestrahlt wurden, entfiel etwas mehr als ein Viertel auf Fiktionprogramme.[36] Der Fiktion-Anteil an der TV-Nutzung war sogar noch höher. Im Durchschnitt konsumierte jeder Zuschauer 1996 am Tag 82 Minuten Kinofilme, TV-Filme oder TV-Serien. Dies entsprach rund 45% der gesamten Sehdauer.[37]

**Tabelle 1.2.6: Horizontale Konzentration auf dem Markt**
**für TV-Distributionsleistungen 1996**

| TV-Übertragungsweg | Geschätzte Anteile an der Transportleistung* des Übertragungsweges | Technische Reichweite des Übertragungsweges | |
|---|---|---|---|
| | | TV-Haushalte | TV-Apparate |
| | in % | in Tausend | |
| **Terrestrische Sender** | | 5.567 | 19.067 |
| DTAG | 90,0 | | |
| ARD | 10,0 | | |
| **Rundfunksatelliten** | | 10.489 | 10.489 |
| SES | 70,0 | | |
| Eutelsat | 25,0 | | |
| **Breitbandkabelnetze (Ebene 3)** | | 19.744 | 19.744 |
| DTAG | 85,0 | | |
| Private Netze | 15,0 | | |
| **Alle Übertragungswege** | | 35.800 | 49.300 |
| Marktanteile | | in % | |
| DTAG | | 60,0 | 68,8 |
| SES | | 20,5 | 14,9 |
| Eutelsat | | 7,3 | 5,3 |
| Übrige | | 9,8 | 9,9 |

* Indikator: Anteil an der gesamten technischen Reichweite aller Anbieter je Übertragungsweg.
Quellen: EAO-Jahrbuch 1998; VPRT 1997; Schätzungen des DIW.

---

36   DLM-Studie 1998 (Fn. 27).
37   W. Darschin/B. Frank (Fn. 29).

Vom Fiktion-Angebot wurde nur ein kleiner Teil durch die TV-Veranstalter selbst hergestellt. Welche Umsätze 1996 mit Fiktion-Lizenzverkäufen oder Auftragsproduktionen erzielt wurden, läßt sich allerdings nur grob schätzen. Für die Käufe von Kino- und TV-Filmlizenzen im Ausland errechnet sich sowohl auf Basis der Exportdaten der US-Filmproduzenten als auch auf Basis der Importdaten des Bundesamtes für Wirtschaft eine Größenordnung von 1,6 Mrd. DM.[38] Dieser Betrag ist allerdings nicht mit dem Gesamtmarkt für Fiktion-Kaufprogramme in Deutschland gleichzusetzen. Zum einen fehlen die Außenhandelsumsätze mit TV-Produktionen bis 45 Minuten Länge, d.h. insbesondere mit den meisten Trickfilmen und TV-Serien. Zum anderen ist auch die Handelsspanne der Rechte-Zwischenhändler für den Teil des Fiktionangebotes, der nicht direkt bei ausländischen Filmproduzenten gekauft wurde, nicht enthalten. Schließlich fehlen auch noch die Kinofilm-Lizenzkäufe bei deutschen Produzenten.

Geht man von den Angaben der deutschen TV-Veranstalter zu ihrer Aufwandsstruktur im Jahr 1996 aus, so wurden rund 2,8 Mrd. DM für Auftragsproduktionen, darunter rund 2,3 Mrd. DM für Fiktionprogramme aufgewendet. Der Fiktion-Kaufmarkt war noch größer und erreichte – einschließlich der Synchronisationskosten – eine Größenordnung von 3,4 Mrd. DM (Tab. 1.2.7).[39]

**Tabelle 1.2.7: Fiktionprogramme: Umsatzschätzung 1996**

| | Aufwendung der deutschen TV-Veranstalter für ... | |
| | ... Kaufprogramme | ... Auftragsprogramme |
| --- | --- | --- |
| | Mill. DM | |
| Gesamtprogramm | 3.985 | 2.795 |
| *darunter:* | | |
| Fiktionsprogramme* | 3.415 | 2.255 |
| *davon:* | | |
| Free-TV-Veranstalter | 2.835 | 2.245 |
| Pay-TV-Veranstalter | 580 | 10 |

* Aufwand für Lizenzen und ca. 300 Mill. DM Synchronisationskosten
Quelle: DLM-Studie 1998; Berechnungen des DIW.

Eine noch stärkere Aufgliederung des Fiktionmarktes ist nur auf Basis von Mengengrößen (Sendestunden) möglich. Öffentlich-rechtliche, private Free-TV- und private Pay-TV-Veranstalter wiesen danach 1996 eine sehr unterschiedliche Programmstruktur auf (Tabelle 1.2.8):

– Gekaufte Fiktionprogramme machten bei den öffentlich-rechtlichen Veranstaltern weniger als 10% des Gesamtprogramms ohne Werbung aus. Hiervon waren über 90% Kinofilme, d.h. im Bereich der TV-Produktio-

---

38 Europäische Audiovisuelle Informationsstelle (Fn. 7), S. 24 ff.
39 DLM-Studie 1998 (Fn. 27).

nen spielten die Programmkäufe gegenüber den Eigen- und Auftragsproduktionen kaum eine Rolle.

- Bei den privaten Free-TV-Veranstaltern hatten gekaufte Fiktionprogramme mit fast 40% Anteil am Gesamtprogramm ein sehr viel größeres Gewicht. Gleichzeitig waren über zwei Drittel der ausgestrahlten Kauf-Fiktionprogramme TV-Produktionen und Trickfilme.
- Beim einzigen analogen Pay-TV-Sender „Premiere" lag der Anteil der gekauften Fiktion-Programme sogar bei 70% des Gesamtprogrammes, wobei fast ausschließlich Kinofilme gezeigt wurden.

Insgesamt sendeten die deutschen TV-Veranstalter 1996 rund 25 000 Stunden Kinofilme und weitere 28 000 Stunden an sonstigen gekauften Fiktionprogramme. Bei einer Aufgliederung nach dem Herkunftsland dieser Kaufprogramme zeigt sich eine deutliche Dominanz der US-Film- und TV-Produzenten:

- Von den über 16 600 ausgestrahlten Kinofilmen waren lediglich 9% deutschen Ursprungs, hingegen nahezu 60% aus den USA.
- Betrachtet man das gesamte gekaufte Fiktionprogramm, so steigt der US-Anteil sogar auf 76%. Allerdings ist hier zu berücksichtigen, daß deutsche TV-Filme und TV-Serien in der Regel als Auftragsproduktionen entstehen und deshalb in diesen Zahlen nicht enthalten sind.

**Tabelle 1.2.8: Fiktionprogramme: Sendestunden 1996**

| | TV-Veranstalter | | | Herkunftsland | | |
|---|---|---|---|---|---|---|
| | Öffentlich-rechtliche | Private | Veranstalter insg. | Deutschland | USA | Sonstige Länder |
| | in Stunden | | | in % | | |
| Sendeumfang | 91.637 | 129.578 | 221.251 | | | |
| Sendeumfang ohne Werbung* | 90.482 | 117.397 | 207.879 | | | |
| *darunter:* | | | | | | |
| gekaufte Fiktionprogramme** | 8.800 | 44.040 | 52.840 | 5,0 | 76,0 | 19,0 |
| Free-TV | 8.800 | 38.000 | 46.800 | | | |
| Pay-TV | | 6.040 | 6.040 | | | |
| *darunter:* | | | | | | |
| Kinofilme*** | 8.234 | 16.692 | 24.926 | 8,8 | 59,0 | 32,2 |
| Free-TV | 8.234 | 10.719 | 18.953 | 10,5 | 53,4 | 36,1 |
| Pay-TV | | 6.973 | 5.973 | 2,9 | 77,4 | 19,7 |
| | Zahl der ausgestrahlten Filme | | | | | |
| Kinofilme | 5.489 | 11.128 | 16.617 | | | |
| Free-TV | 5.489 | 7.146 | 12.635 | | | |
| Pay-TV | | 3.982 | 3.982 | | | |

* DLM-Umfrage
** Eurofiction-Studie; hochgerechnet auf alle TV-Veranstalter
*** SPIO-Statistik; Annahme: 90 Minuten je Kinofilm
Quellen: DLM-Studie 1998; EAO-Jahrbuch 1998; SPIO 1997; Berechnungen des DIW.

Wertmäßig dürfte der US-Anteil sogar noch weit höher gelegen haben, da sich im Angebot der US-Filmproduzenten auch nahezu alle Blockbusterfilme der letzten Jahrzehnte befinden. So wurden beispielsweise 1996 von den 40 erfolgreichsten Kinofilmen in Deutschland allein 30 durch Verleih-Töchter der großen US-Filmstudios vermarktet.[40]

Über die Marktanteile einzelner Produktionsunternehmen auf dem deutschen Markt für Fiktion-Kaufprogramme gibt es keine genauen Informationen. Dennoch kann auf Basis der Exportdaten der beiden wichtigsten US-Filmproduzentenverbände MPAA und AFMA der Grad der horizontalen Konzentration zumindest annäherungsweise bestimmt werden (Tabelle 1.2.9). Danach hatten die acht Major-Studios, die im MPAA organisiert sind, 1996 einen Anteil von knapp 90% an den US-Exporten nach Deutschland (nur TV-Verwertung). Nach der Fusion von Time Warner und Turner Broadcasting im Jahr 1995 sind drei dieser acht Hollywood Studios (Warner Brothers, Turner/Castle Rock und MGM) in einem Medienkonzern vereint. Dieser US-Konzern hat zwar allein keine marktbeherrschende Stellung auf dem deutschen Fiktion-Kaufmarkt. Zusammen mit den übrigen fünf MPAA-Mitgliedern (Columbia TriStar, 20th Century Fox, MCA/Universal, Paramount und Disney/Buena Vista) dominiert er jedoch das Angebot. Eine annähernd vergleichbare Bedeutung erreichen unter den AFMA-Mitgliedern lediglich noch die beiden Studios Orion und Dreamworks.

**Tabelle 1.2.9: Horizontale Konzentration auf dem Markt für Fiktion-Kaufprogramme 1996 (Kino- und TV-Filme)**

| | TV-Rechte insg. | Free-TV-Rechte | Pay-TV-Rechte | TV-Rechte insg. | Free-TV-Rechte | Pay-TV-Rechte |
|---|---|---|---|---|---|---|
| | Mill. DM | | | in % | | |
| Importe an TV-Ausstrahlungsrechten für Kino- und TV-Filme* | 1.550 | | | 100,00 | | |
| *darunter:* | | | | | | |
| US-Filmproduzenten** | 1.465 | 1.150 | 315 | 94,5 | | |
| | | | | | 100,0 | 100,0 |
| *davon:* | | | | | | |
| MPAA-Mitglieder*** | 1.308 | 1.100 | 208 | 84,4 | 95,7 | 66,0 |
| AFMA-Mitglieder | 157 | 50 | 107 | 10,1 | 4,3 | 34,0 |

\* Bundesamt für Wirtschaft
\** Verbandsangaben
\*** Columbia TriStar, Disney, MGM/UA, Paramount, Turner/Castel Rock, 20th Century Fox, Universal, Warner Brothers.
Quellen: EAO-Jahrbuch 1998; Berechnungen des DIW.

---

40  SPIO 1997 (Fn. 27) S. 35.

Dies betrifft allerdings zunächst nur die Marktanteile auf der Ebene der Produktion. Da ein großer Teil dieses Angebotes nicht direkt an deutsche TV-Veranstalter geht, müßte in die Beurteilung der horizontalen Konzentration auch die Stellung einzelner Rechte-Zwischenhändler einbezogen werden. Zu den Bezugsquellen der TV-Veranstalter (Direkteinkauf bzw. Bezug über Filmhändler) liegen jedoch keine genauen Daten vor.[41]

### 1.2.1.2.5 Sportübertragungsrechte

Noch intransparenter als der Fiktion-Kaufmarkt ist der Markt für Sportübertragungsrechte. Zwar gibt es punktuell Informationen über die Beträge, die TV-Veranstalter oder deren Sportrechteagenturen für Ausstrahlungsrechte einzelner Sportveranstaltungen zahlen. Ein genaues Bild über den Gesamtmarkt ergibt sich hieraus jedoch nicht.

Auch wenn Sportereignisse, wie z.B. Fußball-Länderspiele, regelmäßig unter den TV-Sendungen mit den höchsten Einschaltquoten zu finden sind, ist der deutsche Markt für Sportübertragungsrechte aber in jedem Fall deutlich kleiner als der Markt für Fiktion-Kaufprogramme. Sportsendungen hatten 1996 einen Umfang von rund 15 000 Stunden, von denen über zwei Drittel von den bundesweiten privaten TV-Veranstaltern ausgestrahlt wurden. Der Anteil der Sportsendungen am Gesamtprogramm lag damit bei rund 7% (private Programme 10%, öffentlich-rechtliche Programme 5%). Auch der Anteil der Sportsendungen an der TV-Nutzung lag mit durchschnittlich 13 Minuten am Tag deutlich unter dem Anteil der Fiktion-Programme.[42]

Geht man von den bekannt gewordenen Lizenzkosten für TV-Sportübertragungsrechte aus, so wird deutlich, daß sich das Interesse der TV-Veranstalter auf wenige Sportarten (insbesondere Fußball, Motorsport, Tennis und Boxen) und wenige Sportereignisse bzw. Sportserien (neben der Olympiade vor allem internationale und nationale Meisterschaften in den Top-Sportarten) konzentriert. Von horizontaler Marktkonzentration der Sportveranstalter (meist Sportverbände) im klassischen Sinne kann allerdings nicht gesprochen werden. Jeder Veranstalter eines Sportereignisses besitzt zwar nach geltender Rechtslage ein Verwertungsmonopol, das lediglich durch das Recht auf Kurzberichterstattung beschränkt wird. Auf den finanziellen Wert seines Verwertungsmonopols hat der einzelne Veranstalter jedoch kaum einen Einfluß. Dieser wird letztlich von den Zuschauerpräferenzen für Sportarten und Sportler (bzw. von den Vermutungen der TV-Veranstalter über diese Präferenzstruktur) bestimmt. Vor allem aber kann ein Sportveranstalter seinen

---

41  Vgl. Kommission zur Ermittlung der Konzentration im Medienbereich (KEK), Pressemitteilung 98 vom 22.6.1998.
42  A. Grajczyk, ARD 3 im Aufwind, Marktposition und Nutzungsschwerpunkte der Dritten Programme, MP 1998, 222 ff.

Marktanteil kaum durch eine Ausweitung seines Angebotes vergrößern, da die physischen Leistungsgrenzen der Spitzensportler hier eine natürliche Grenze bilden. Wie im Fiktion-Bereich ist es allerdings möglich, daß einzelne Sportagenturen versuchen, einen größeren Teil der Top-Sportrechte in einer Hand zu konzentrieren, um damit den gesamten Markt für Sportübertragungsrechte zu dominieren. Daten, anhand derer die Marktstellungen der wichtigsten Zwischenhändler beurteilt werden könnten, liegen – wie bei den Fiktionkaufprogrammen – zur Zeit allerdings nicht vor.

## 1.2.2 Marktkonzentration und Marktzutrittsschranken

### 1.2.2.1 Bewertung von marktbeherrschenden Stellungen und Unternehmenszusammenschlüssen

Aus wettbewerbspolitischer Sicht besteht bei marktbeherrschenden Stellungen einzelner Unternehmen die Gefahr, daß diese versuchen, überdurchschnittliche Gewinne mit Hilfe künstlicher Angebotsverknappungen durchzusetzen. Dies ist allerdings nur dann möglich, wenn der Marktzutritt von neuen Konkurrenten wirksam verhindert werden kann, bzw. das finanzielle Risiko für Newcomer aufgrund von Branchenbesonderheiten sehr hoch ist.[43]

Grundsätzlich zu verhindern sind deshalb nach dem europäischen und deutschen Kartellrecht alle Formen von Unternehmenszusammenschlüssen sowie von Kartellabsprachen, die zu einer Entstehung oder Verstärkung marktbeherrschender Stellungen führen. Dagegen werden dominierende Positionen einzelner Unternehmen solange als unproblematisch betrachtet, wie sie Folge echter Effizienzvorteile und damit einhergehender überdurchschnittlicher Marktanteilsgewinne sind.[44] In diesen Fällen soll durch Mißbrauchskontrolle sichergestellt werden, daß die Unternehmen nicht durch Preisdiskriminierungen, Lieferboykotte, langfristige Exklusivverträge und andere Maßnahmen versuchen, Marktzugänge von Newcomern zu erschweren und damit das Angebot künstlich zu verknappen.

Ein besonderes Mißbrauchspotential ergibt sich durch die Kontrolle von essentiellen Ressouren für den Produktionsprozeß, die sich nicht oder nur mit sehr hohem Aufwand vermehren lassen. Hierbei besteht die Gefahr, daß diese kaum angreifbare Marktposition auf vor- und nachgelagerte Märkte übertragen wird, insbesondere wenn sich vertikal integrierte Unternehmen einen privilegierten Zugang zu den knappen Ressourcen verschaffen können.

---

43  M. Fritsch/T. Wein/H.-J. Ewers (Fn. 2), S. 141 ff.
44  Z.B. durch Verwendung moderner Technologien oder branchenspezifischer Produktionsverfahren, bei denen es mit steigender Outputmenge zu Kostendegressionen kommt.

Für Unternehmen, die auf mehreren Märkten gleichzeitig tätig sind, gelten wettbewerbspolitisch prinzipiell die gleichen Bewertungskriterien wie für Einproduktunternehmen. Während kostensenkende Synergieeffekte bei der Produktion oder der Vermarktung verschiedener Produkte grundsätzlich positiv zu beurteilen sind, sind alle Versuche, Marktmacht durch künstliche Kopplungsgeschäfte oder ähnliche Maßnahmen auf verwandte Märkte zu übertragen, möglichst zu unterbinden.

## 1.2.2.2 Vertikale Integration und Cross-Ownership von TV-Veranstaltern

### *1.2.2.2.1 Vertikale Verflechtungen deutscher TV-Veranstalter*
Zwischen den deutschen TV-Veranstaltern und Unternehmen der Distributionsebene gibt es aufgrund des bis Ende 1997 geltenden Fernmelde-Netzmonopols keine Kapitalverflechtungen. Ausnahmen sind Beteiligungen von Bertelsmann an einigen kleineren regionalen Breitbandkabelnetzen, an die jedoch weniger als 1% aller Kabelhaushalte angeschlossen sind.

Gleiches gilt für vertikale Verflechtungen mit der Programmproduktionsebene: Kapitalbeteiligungen der deutschen TV-Veranstalter gibt es weder an wichtigen Veranstaltern von Sportereignissen noch an wichtigen Produzenten von Fiktion-Kaufprogrammen.

**Tabelle 1.2.10: Beteiligungen von deutschen TV-Veranstaltern an Film-/TV-Produzenten**

| TV-Veranstaltergruppe | Produktionsunternehmen | Umsatz 1995 (Mill. DM) |
|---|---|---|
| ARD | Studio Hamburg | 98,7 |
| | Bavaria Filmstudios | 100,0 |
| Bertelsmann | Grundy Ufa TV Prod. | 58,7 |
| | Ufa Babelsberg | |
| | Westfilm Medien-GmbH | |
| Kirch-Gruppe | Neue Constantin-Film | 50,7 |
| | Iduna-Filmproduktion | |
| | Janus-Filmproduktion | |
| | Unitel-Film- u. TV-Prod. | |

Quelle: EAO-Jahrbuch 1998; Media Perspektiven 1997.

Zwar haben alle großen Veranstalter-Gruppen spezialisierte Tochterunternehmen, die Sportübertragungsrechte oder TV-Ausstrahlungsrechte für Fiktionprogramme erwerben. Die Tatsache, daß diese Unternehmen oft einen Teil dieser Rechte an „gruppenfremde" TV-Veranstalter weiterverkaufen, macht sie jedoch nicht zu Unternehmen der Produktionsebene. In welchem Umfang es den einzelnen Unternehmen gelingt, Premium-Programmrechte zu erwerben, hängt zur Zeit allein vom Verwertungspotential der TV-Veranstaltergruppe ab. Einen bevorzugten Zugang, der sich auf vertikalen Kapitalverflechtungen gründete, gibt es nicht.

Die großen Veranstaltergruppen haben auch Beteiligungen an den größten deutschen Unternehmen der Film- und Fernsehproduktion (Tabelle 1.2.10). Deren wirtschaftliche Bedeutung ist im Vergleich zu den marktbeherrschenden Hollywood-Studios allerdings gering. An mehreren kleineren deutschen TV-Veranstaltern (RTL2, vox, Super RTL, tm3, Nickelodeon, VH1, VIVA, n-tv) sind allerdings führende US-Medienunternehmen beteiligt, die in den USA einen sehr viel größeren Grad an vertikaler Integration erreicht haben. Insbesondere die Verflechtung von Free-TV- und Pay-TV-Veranstaltern mit führenden Hollywood-Studios hat in den letzten Jahren deutlich zugenommen. Das größte Medienunternehmen der USA, Time Warner Entertainment, ist zudem zweitgrößter US-Kabelnetzbetreiber (Tabelle 1.2.11).

**Tabelle 1.2.11: Vertikale Verflechtung der TV-Veranstalter in den USA**

| | Mehrheitsbeteiligung an ... | | | | |
|---|---|---|---|---|---|
| | ... TV-Veranstaltern | | | ... Fiktionproduktion | ... TV-Distribution |
| Unternehmensgruppe | Free-TV-Networks | Kabel-Networks | Premium-Pay-TV | Hollywood-Studios | Kabelnetze |
| **Starke Verflechtung** | | | | | |
| Time-Warner Entertainment | WB-Network | CNN, CartoonNW usw. | HBO | Warner Broth., MGM/UA, Turner/Castle Rock | zweitgrößter Kabelnetz-betreiber |
| Viacom | UP-Network | MTV, Nickelodeon, usw. | Showtime, TMC | Paramount | (Netze an TCI verkauft) |
| Walt Disney Group | ABC | ESPN | Disney Channel | Disney | – |
| News Corp. (Murdoch) | Fox-Network | FoxChildren-NW | BSkyB (UK) | 20ᵗʰ Century Fox | |
| **Bislang keine Verflechtung** | | | | | |
| General Electric | NBC | | | | |
| Westinghouse | CBS | NashvilleNW | | | |
| Sony | | | | Columbia TriStar | |
| Seagram | | | | MCA/Universal | |

Quelle: EAO-Jahrbuch 1998.

### 1.2.2.2.2 Medienübergreifende Verflechtungen (Cross-Ownership)

Die beiden wichtigsten privaten TV-Veranstaltergruppen in Deutschland sind auch in nahezu allen anderen Medienmärkten aktiv. Dies gilt sowohl für den Bereich der elektronischen Medien als auch für den Bereich der Printmedien. Während Bertelsmann allerdings meist über Mehrheitsbeteiligungen an entsprechenden Tochterunternehmen verfügt, basiert die Verflechtung zwischen der Kirch-Gruppe und dem Printmedienbereich auf einer 40%-Kapitalbeteiligung am Axel Springer Verlag (Tabelle 1.2.12).

Auffällig ist, daß sich die Cross-Ownership-Beziehungen der übrigen führenden deutschen Zeitungs- und Zeitschriften-Verlage bislang überwiegend auf den Hörfunk konzentrieren, während an TV-Veranstaltern kaum größere Kapitalanteile gehalten werden.

### 1.2.2.2.3 Wettbewerbsvorteile durch vertikale und medienübergreifende Verflechtungen

Zusammenfassend läßt sich feststellen, daß es zur Zeit bei den großen deutschen TV-Veranstaltergruppen kaum vertikale Verflechtungen zur Ebene der TV-Programmproduktion und der TV-Distribution gibt. Hingegen sind Cross-Ownership-Beziehungen zu fast allen anderen Medienmärkten zu konstatieren.

Letzteres ist unter medienpolitischen Aspekten problematischer als unter einem rein wettbewerbspolitischen Blickwinkel. Nach allen vorliegenden Untersuchungen sind die wirtschaftlichen Vorteile von Cross-Ownership im Medienbereich begrenzt. So konnten bislang so gut wie keine Produktionskostenvorteile medienübergreifender Unternehmen nachgewiesen werden.[45] Dies ist auch nicht verwunderlich, da bei der Inhaltsproduktion unterschiedlicher Medienprodukte in der Regel sehr spezialisierte Arbeitsqualifikationen notwendig sind und Multimedia-Talente im künstlerischen und journalistischen Bereich eher eine Ausnahme darstellen. Verbundvorteile gibt es für medienübergreifend tätige Unternehmen allerdings mit Sicherheit im Bereich des Marketings und der Finanzierung:

– In den Medienprodukten eines Unternehmens kann kostengünstige Werbung für andere Konzernangebote durchgeführt werden (Cross-Promotion).
– In einigen Medienmärkten ist die Nachfrage besonders unkalkulierbar bzw. starken Modetrends unterworfen (z.B. Kinofilme, Tonträger, Fachbücher). Die parallele Produktion mehrerer Titel schafft hier einen Risikoausgleich. Große Unternehmen können im Hinblick auf Innovationen deshalb ein höheres Risiko eingehen, so daß sie langfristig bessere Entwicklungschancen haben.
– Medienunternehmen benötigen in vielen Bereichen einen kontinuierlichen Zugang zu urheberrechtlich geschützten Werken. Dabei haben aus der Sicht der Urheber die Unternehmen einen Vorteil, die Paketverwertungen anbieten können, entweder indem sie viele Titel abnehmen oder die Auswertung in unterschiedlichen Medien (Buch, Film, Schallplatte etc.) organisieren können.

---

45  W. Seufert, Medienübergreifende Unternehmenskonzentration - Mittel zur Kostensenkung oder zur Erhöhung von Marktmacht? In: H. Schatz/O. Jarren/B. Knaup (Hrsg.), Machtkonzentration in der Multimediagesellschaft?, Opladen 1997, S. 258-273.

Dem stehen aber in der Regel die wirtschaftlichen Nachteile der mit wachsender Unternehmensgröße zunehmenden Komplexität der Unternehmensorganisation (höherer Verwaltungsaufwand, Zeitverluste) gegenüber.

**Tabelle 1.2.12: Cross-Ownership-Beziehungen deutscher Rundfunk-Veranstalter**

| Unternehmensgruppe | Kapitalbeteiligungen Rundfunk | | | Kapitalbeteiligungen Kino/Video | | Kapitalbeteiligungen Printmedien/Online | | |
|---|---|---|---|---|---|---|---|---|
| | bundesweite TV-Veranstalter | bundes-/landesw. Hörfunk | lokaler/regionaler Hörfunk | Filmverleih, Kinoketten | Videoprogrammangebot | Tageszeitungen | Publikumszeitschriften | Online-Provider |
| | Beteiligung größer (kleiner) 25% | Anzahl der Beiligungen | | | | Marktanteile in % (Rangfolge) | | |
| Bertelsmann (Gruner+Jahr) | RTL, RTL2, SuperRTL, Premiere, (vox) | 4 | 4 | x | x | 3,4 (5) | 7,5 (4) | x |
| Kirch-Gruppe/Axel Springer Verlag | SAT1, Pro7, DSF, Kabel1, Premiere | 9 | 6 | x | x | 23,7 (1) | 15,4 (2) | x |
| Heinrich Bauer Verlag | RTL2 | 1 | - | - | - | - | 31,2 (1) | - |
| Burda Verlag | (RTL2) | 4 | 1 | - | - | - | 11,4 (3) | - |
| Gong/Sebaldus-Verlag | | 7 | 11 | - | - | - | 6,1 (5) | - |
| WAZ-Verlagsgruppe | (RTL) | 1 | 19 | - | - | 5,9 (2) | 2,0 (6) | - |
| Georg v. Holtzbrinck | n-tv, (SAT1) | 8 | 4 | - | - | 2,5 (9) | - | - |
| Stuttgarter Zeitung/Südwestpresse | - | 4 | 11 | - | - | 5,0 (3) | - | - |
| DuMont | - | 1 | 7 | - | - | 4,0 (4) | - | - |
| Süddeutsche Zeitung | - | 2 | 11 | - | - | 3,2 (6) | - | - |

Quellen: Media Perspektiven 1997; Böckelmann/Hesse 1996; Berechnungen des DIW

### 1.2.2.3 Ursachen der Marktkonzentration auf den TV-Märkten und Wirkung auf die Marktzutrittschancen

#### 1.2.2.3.1 Free-TV-Markt

Die Tatsache, daß die privaten Free-TV-Veranstalter in Deutschland nur eine geringfügige vertikale Integration aufweisen und sie auch nur begrenzte Vorteile aus ihren Cross-Ownership-Beziehungen ziehen können, zeigt, daß die gegenwärtige Veranstalterstruktur – drei TV-Programmdienste mit hohen Sehdauermarktanteilen und vergleichsweise hoher Rentabilität gegenüber vierzehn Angeboten mit niedrigen Marktanteilen und niedriger Rentabilität – überwiegend auf andere Ursachen zurückzuführen ist.

Entscheidend ist das spezifische Nachfrageverhalten der Zuschauer und Werbungtreibenden, das die Herausbildung dominierender Marktstellungen fördert. Es läßt sich folgendermaßen charakterisieren:

- Zuschauer bevorzugen Programme mit höherem Finanzaufwand (aufwendige Eigen- bzw. Auftragsproduktionen, Top-Sport-Ereignisse, Blockbuster- und A-Kinofilme, populäre Entertainer usw.).
- Werbungtreibende bevorzugen TV-Programmdienste mit größeren Sehdaueranteilen.
- TV-Programmdienste sind wie alle Medienprodukte „Vertrauensgüter", d.h. eingeführte „Programm-Marken" haben einen signifikanten Wettbewerbsvorteil gegenüber Neuheiten; die Investitionskosten von Newcomern werden dadurch zusätzlich erhöht.

Dies führt einerseits zu einem positiven Rückkopplungsprozeß: erfolgreiche Programme erzielen höhere Werbeeinnahmen, die in teurere Programme investiert werden können und so wiederum die Zuschauernachfrage vergrößern. Zwar wird – abhängig von den Zuschauerreaktionen – einmal ein Grenzwert erreicht, bei dem sich höhere Programmaufwendungen nicht mehr in überdurchschnittlichen Zuschauerzuwächsen niederschlagen. Ist dieses Kostenniveau andererseits im Vergleich zum Werbefinanzierungspotential sehr hoch, können nur wenige TV-Anbieter hohe Marktanteile erreichen. Zusammen mit dem Faktum, daß neue Angebote mit langen Anlaufzeiten rechnen müssen, bevor sie eine breite Akzeptanz finden, kann dieser Mechanismus auch als Marktzutrittsbarriere wirken.

So liegt das von den drei größten TV-Veranstaltern von Voll-Programmen vorgegebene Kostenniveau bei 2400 DM bis 3600 DM je Sendeminute oder 1,3 bis 1,9 Mrd. DM im Jahr. Ein Newcomer, der mit dem gleichen Programmkonzept zu diesen Marktführern aufschließen wollte, müßte damit erhebliche finanzielle Vorleistungen erbringen und damit ein sehr hohes Risiko eingehen (Tabelle 1.2.13).

Soweit in den letzten Jahren zusätzliche werbefinanzierte TV-Programmdienste gestartet wurden, handelt es sich deshalb auch jeweils um Versuche, mit deutlich kostengünstigeren Programmen in Nischenmärkten Fuß zu fassen. Dieses Ziel wurde von den meisten Anbietern allerdings bislang verfehlt. Dies liegt insbesondere daran, daß die neuen Angebote von den Werbungtreibenden bislang nur in geringem Umfang zur Zielgruppenwerbung genutzt werden.

Die starke Marktstellung von „RTL", „SAT 1" und „Pro 7" ist allerdings nicht nur auf erfolgreichere Programmstrategien zurückzuführen. Ein Teil der Wettbewerbsvorsprünge ist auch das Ergebnis einer Bevorzugung bei der Vergabe von Übertragungskapazitäten durch die Landesmedienanstalten. Der damit verbundene Reichweitenvorsprung führt unmittelbar zu größeren Werbeeinnahmen (Tabelle 1.2.14). Die bestehenden Engpässe bei den analogen Übertragungsfrequenzen im Bereich der Kabelnetze und der terrestrischen Sender wirken deshalb auch als entscheidende Marktzutrittsschranken für werbefinanzierte TV-Programmdienste, da die Satellitenverbreitung allein keine ausreichende Refinanzierung ermöglicht.[46]

**Tabelle 1.2.13: Kostenniveau, Zuschauer- und Werbemarktanteile**
**von Free-TV-Veranstaltern 1996**

| Veranstalter | Kostenniveau* | Zuschauer-marktanteil | Werbemarktanteil | Werbeerlöse je Marktanteilspunkt |
|---|---|---|---|---|
| | in DM/Min. | in % | in % | Mill. DM |
| ARD/ZDF | 1.5000 | 39,3 | 9,2 | 16,5 |
| RTL | 3.600 | 16,5 | 29,1 | 124,5 |
| SAT1 | 3.350 | 13,2 | 23,5 | 125,5 |
| Pro7 | 2.400 | 9,5 | 20,4 | 151,5 |
| RTL2 | 1.100 | 4,5 | 5,7 | 90,0 |
| Kabel1 | 400 | 3,6 | 2,9 | 57,5 |

\* Ohne Distributionskosten
Quellen: Veranstalterangaben; Media Perspektiven 1997; Berechnungen des DIW.

**Tabelle 1.2.14: Technische Reichweite von privaten Free-TV-Veranstaltern 1991 – 1997**

| Veranstalter | 1991 | 1994 | 1997 |
|---|---|---|---|
| | | in % der TV-Haushalte* | |
| RTL | 73 | 91 | 95 |
| SAT1 | 71 | 91 | 95 |
| Pro7 | 38 | 74 | 87 |
| vox | | 73 | 87 |
| RTL2 | | 67 | 85 |
| Tele5/DSF | 36 | 66 | 82 |
| Kabel1 | | 43 | 81 |
| n-tv | | 61 | 81 |
| Viva | | 31 | 54 |
| SuperRTL | | | 63 |
| tm3 | | | 53 |

\* Am Jahresende
Quelle: Media Perspektiven 1997; Berechnungen des DIW.

Zu einer weiteren Erhöhung der Marktzutrittsschranken kann die vorhandene Gruppenbildung unter den privaten Veranstaltern führen, wenn sie zu einer noch engeren Koordination der Programmgestaltung und der Programmein-käufe genutzt werden sollte (Senderfamilien). Für die Veranstaltergruppen ergeben sich Vorteile auf der Einnahmeseite, wenn es durch die inhaltliche Abstimmung gelingt, das Publikum besser in werberelevante Zielgruppen auszudifferenzieren. Auf der Kostenseite sind Einsparungen möglich, wenn Einkaufsmacht gebündelt wird und wenn Lizenzpakete, die in einem 24-Stu-denprogramm mit speziellem Profil nicht komplett verwertet werden könn-ten, nun auf Programmdienste mit verschiedenen Schwerpunkten aufteilbar sind. Sollten die vorhandenen Einflußmöglichkeiten der drei großen Veran-

---

46  W. Seufert, Rundfunkunternehmen - Gewinner beim Strukturwandel der Medienwirtschaft. In: K.-D. Altmeppen (Fn. 10), S. 165-178.

stalter auf fünf der zwölf kleineren Anbieter entsprechend genutzt werden, erhöhen sich damit gleichzeitig die Marktzutrittsschranken für zusätzliche Free-TV-Spartenprogramme.

### 1.2.2.3.2 Pay-TV-Markt

Anders als im Free-TV-Markt kann ein Pay-TV-Veranstalter neben dem eigenen Programmaufwand auch den Preis als Aktionsparameter im Wettbewerb um Abonnenten einsetzen. Grundsätzlich gibt es aber auch im Pay-TV-Markt einen engen Zusammenhang zwischen Programmkosten und Abonnentenzahl bzw. Zahlungsbereitschaft der Zuschauer. Am deutlichsten wird dies bei Pay-TV-Angeboten, die überwiegend gekaufte Premium-Programme (Spielfilme, Sportereignisse) zeigen. Deren Lizenzkosten sind häufig an die Abonnentenzahlen der erfolgreichsten Anbieter in einem Markt gekoppelt. Die bereits existierenden Pay-Programme geben also wie im Free-TV den Newcomern mit ähnlichen Programminhalten das Kostenniveau und damit auch die Höhe des Markteintrittsrisikos vor.

Betrachtet man nur die Programmkosten, so ist die Marktzutrittsschwelle im Pay-TV-Markt für Premium-Programme zur Zeit noch niedriger als für Vollprogramme im Free-TV-Markt. Premiere hat den break-even-Punkt mit rund 1,3 Mill. Abonnenten oder 3,5% der TV-Haushalte erreicht. Diese Schwelle für Premium-Pay-TV-Programme wird jedoch mit wachsenden Abonnentenzahlen dieses Programmes und den hierzu parallel steigenden Programmkosten weiter ansteigen.

**Tabelle 1.2.15: Aufwandsstruktur von BSkyB 1995 – 1997**

| Aufwand* | 1995 | 1996 | 1997 | 1995 | 1996 | 1997 |
|---|---|---|---|---|---|---|
| | | in Mill GBP | | | in % | |
| Programmkosten | 328,5 | 420,5 | 574,4 | 61,7 | 61,1 | 64,4 |
| Distributionskosten | 44,6 | 53,2 | 62,0 | 8,4 | 7,7 | 7,0 |
| Transaktionskosten | 159,6 | 214,4 | 255,1 | 30,0 | 31,2 | 28,6 |
| *davon:* | | | | | | |
|   Abonnentenverwaltung | 66,2 | 94,0 | 91,9 | 12,4 | 13,7 | 10,3 |
|   Marketing | 58,6 | 76,2 | 102,4 | 11,0 | 11,1 | 11,5 |
|   Administration | 34,8 | 44,2 | 60,8 | 6,5 | 6,4 | 6,8 |
| Gesamtkosten* | 532,7 | 688,1 | 891,5 | 100,0 | 100,0 | 100,0 |

\* Ende des Geschäftsjahres am 30.6.
Quellen: EAO-Jahrbuch 1998; Berechnungen des DIW.

Über die Zahlungsbereitschaft für andere Pay-TV-Programmtypen (special-interest-Programme) gibt es in Deutschland noch keine Erfahrungswerte. Unabhängig von der Nachfrage gilt jedoch, daß die Nutzung von Bündelungsvorteilen für Veranstalter solcher Pay-TV-Angebote zu einer Erhöhung der Marktzutrittsschwelle führt. Grundlage der Bündelungsvorteile ist dabei das relativ große Gewicht des Transaktionskostenblockes (Abonnentenwerbung,

Abonnentenverwaltung, Wartung der Dekoderinfrastruktur) für Pay-TV-Veranstalter (Tabelle 1.2.15). Die Teilung dieser Kosten zwischen verschiedenen Programmdiensten bringt deutliche Kostenvorteile gegenüber der Errichtung von mehreren parallelen Vermarktungssystemen. Gleichzeitig verbessert die Bündelung verschiedener Angebote in einem Programmpaket auch die Möglichkeiten zur Abonnentenakquisition, da auf diese Weise Zuschauergruppen mit unterschiedlichen Programmpräferenzen angesprochen werden können. Auch hier sind positive Rückkopplungsprozesse denkbar: Mit wachsender Programmpalette eines Pay-TV-Bouquets steigt dessen Attraktivität, so daß es für Newcomer immer günstiger wird, sich über bereits existierende Plattformen vermarkten zu lassen, statt eigene Vermarktungssysteme aufzubauen.

### 1.2.2.4 Ursachen der Marktkonzentration auf vor- und nachgelagerten Märkten und deren Mißbrauchspotential

#### 1.2.2.4.1 Premium-Kaufprogramme

Die starke Stellung der großen Hollywood-Studios auf dem Markt für Kinofilme erklärt sich zum einen aus der Tatsache, daß es den US-Filmproduzenten bislang als einzigen gelungen ist, regelmäßig international erfolgreiche Spielfilme zu produzieren. Die starke Stellung der Majors innerhalb der US-Filmproduktion ist wiederum auf mehrere Faktoren zurückzuführen. Zum einen ist das finanzielle Risiko, das mit der Spielfilmproduktion verbunden ist, sehr hoch. Auf sieben finanzielle Mißerfolge kommt in der Regel nur ein wirtschaftlich sehr erfolgreicher Film.[47] Unternehmen, die viele Filme produzieren, haben deshalb langfristig eine größere Überlebenschance als kleinere Unternehmen ohne diesen internen Risikoausgleich. Die heutige Stellung der US-Majors bei Kinofilmneuproduktionen basiert jedoch nicht allein auf einer vergleichsweise großen Zahl jährlicher Neuproduktionen. Ihr Einfluß verstärkt sich noch dadurch, daß sie für viele unabhängige Produzenten ebenfalls die Verwertung übernehmen. TV-Verwertungsrechte im Ausland sind dabei oft Zugaben zum wichtigsten Verwertungsfenster, dem US-Kinomarkt. Ohne eine Verleihgarantie für diesen Markt finanzieren Banken oder andere Risikokapitalgeber kaum eine kostenaufwendige Neuproduktion. Die Majors sind jedoch aufgrund ihrer Marktstellung am ehesten in der Lage, solche Verleihgarantien zu geben. Die Studios haben dabei in den letzten Jahren ihre Aktivitäten auch zunehmend auf den TV-Produktionsmarkt ausgedehnt. Durch ihre teilweise bis in die 30er Jahre zurückgehende Dominanz verfügen sie gleichzeitig über sehr große Spielfilmarchive. In den letzten Jahrzehnten konnten lediglich zwei US-Filmproduktionsunternehmen (Orion, Dream-

---

47  Vgl. H. Vogel (Fn. 23), S. 62 ff.

works) zum ursprünglichen Kreis der Hollywood-Studios dazustoßen und eine ähnliche Marktposition erreichen.

Auch bei den Sportübertragungsrechten ist die starke Marktstellung einiger Veranstalter von Top-Ereignissen wie Olympiaden oder Fußballweltmeisterschaften seit mehreren Jahrzehnten stabil. Nachrangige Sportarten unterliegen hinsichtlich ihrer Popularität allerdings stärkeren Nachfrageschwankungen. Entscheidend für diese Popularitätsschwankungen sind in der Regel entweder überraschende Erfolge oder aber längere Phasen der Erfolglosigkeit von Sportlern aus den meist nationalen Verbreitungsgebieten der TV-Veranstalter.

### 1.2.2.4.2 TV-Distribution

Die überragende Marktstellung der Deutschen Telekom AG ist nicht allein darauf zurückzuführen, daß sie bis Ende 1998 das Netzmonopol innehatte. Selbst wenn der Regulierungsrahmen keinem einzelnen Unternehmen eine Monopolstellung gesichert hätte, sorgten im Bereich der Telekommunikationsnetze Netzeffekte dafür, daß sich zumindest auf regionaler Ebene überragende Marktstellungen herausbilden würden.[48]

Bei den terrestrischen Sendernetzen und den Breitbandkabelnetzen sind hierfür zum einen starke Kostendegressionseffekte verantwortlich, die sich aus den einmaligen Bauinvestitionskosten für Sendermasten oder Kabelschächte ergeben. Eine Ausweitung der Übertragungskapazität um zusätzliche TV-Kanäle wird deshalb für den Betreiber eines bereits existierenden Telekommunikationsnetzes – so lange er an keine physikalischen Grenzen stößt – immer kostengünstiger zu realisieren sein, als für einen Newcomer. Falls es doch zu Markteintritten neuer Anbieter kommt, erlaubt der hohe Anteil der Abschreibungen an den Gesamtkosten den etablierten Betreibern eine sehr flexible Preisstrategie. Das Markteintrittsrisiko für Newcomer im Bereich der Telekommunikationsnetze ist deshalb im Vergleich zu anderen Branchen sehr groß.

Ausnahmen sind Markteintritte auf der Basis neuerer, kostengünstigerer Technologien. Dies war in den 80er Jahren mit dem Ausbau des zusätzlichen Übertragungsweges „Rundfunksatellit" der Fall. An diesem Beispiel läßt sich auch verdeutlichen, daß es nicht allein auf der Kostenseite sondern auch auf der Einnahmenseite zu Netzeffekten kommen kann, die die Entstehung marktbeherrschender Stellungen fördern. Eutelsat, SES und die Deutsche Telekom sind Mitte der 80er Jahre mit unterschiedlichen Konzepten auf dem Satellitenmarkt gegeneinander angetreten. SES setzte dabei als einziger Anbieter auf eine Technologie, bei der ein TV-Haushalt eine sehr große Anzahl von TV-Programmdiensten über eine einzige Orbitposition empfangen

---

48  S. Blind/J. Bühring, Die ökonomische Theorie der Standards und ihre Anwendung auf den Medienbereich. In: Homo Economicus, Bd. XIII, München 1996, S. 515-560.

konnte. Daraufhin setzte ein positiver Rückkopplungsprozeß ein: neue Satellitenhaushalte richteten wegen der großen Programmzahl ihre Antennen auf diese Orbitposition aus, neue TV-Veranstalter bevorzugten deshalb wiederum dieses Satellitensystem, da es die größte technische Reichweite hatte.

### 1.2.2.4.3 Mißbrauchspotential

TV-Veranstalter, die einen privilegierten Zugriff auf TV-Übertragungswege haben, verfügen gegenüber ihren Konkurrenten über wesentliche Wettbewerbsvorteile. Ein marktbeherrschendes Unternehmen im Bereich der Übertragungsnetze, das gleichzeitig TV-Programmdienste veranstaltet, hätte deshalb ein großes Diskriminierungspotential und könnte damit Marktzutritte von Wettbewerbern auf dem Free-TV- und dem Pay-TV-Markt erschweren. Unternehmen, die nicht vertikal integriert sind, werden dagegen ihre Übertragungskapazitäten nur unter dem Aspekt der Gewinnmaximierung verkaufen, d.h. entweder an die TV-Veranstalter mit dem höchsten Gebot oder an die TV-Veranstalter, deren Programme die größte Zuschauernachfrage erwarten lassen. Die starke Marktstellung der DTAG bei terrestrischen Sendern und Breitbandkabelnetzen wird darüber hinaus durch den potentiellen Wettbewerb der Rundfunksatellitensysteme sowie die Regelungen des Rundfunkrechts, wonach die Kanalbelegung zur Zeit komplett durch die Landesmedienanstalten vorgenommen wird, relativiert.

Für alle TV-Veranstalter, die ihre Programmdienste zu einem wesentlichen Teil mit Premium-Kaufprogrammen bestreiten, ist der Zugang zu diesen Rechten ebenfalls von zentraler Bedeutung. Allerdings ist die Marktstellung einzelner Anbieter von Premium-Programmen bei weitem nicht so stark wie die Stellung der DTAG im Bereich der TV-Übertragungswege. Auch vertikal integrierte Unternehmen von Rechteinhabern, die Filmkanäle oder spezielle Sportkanäle betreiben würden, hätten damit nur ein begrenztes Einflußpotential auf das Gesamtangebot für TV-Programmdienste. Problematisch ist es allerdings, wenn es einzelnen Zwischenhändlern bzw. TV-Veranstaltern selbst gelingt, für einen bestimmten Zeitraum den größten Teil der Lizenzen für US-Filmneuproduktionen oder für die wichtigsten Top-Sportereignisse zu erwerben. Die infolge eines solchen „Leerkaufens" der Premiumprogrammmärkte entstehenden temporären Monopole können insbesondere von TV-Veranstaltern zur Marktverdrängung eingesetzt werden. Zur Zeit stellt insbesondere die lange Laufzeit der Outputdeals der Kirch-Gruppe (z.B. bei Paramount bis 2010) für Pay-TV Newcomer ein erhebliches Markteintrittshindernis dar.[49]

---

49 Daß eine solche Strategie wegen der damit verbundenen zuschauerunabhängigen Lizenzzahlungen an die Rechtegeber allerdings auch mit großen finanziellen Risiken für das entsprechende Unternehmen verbunden ist, zeigt die gegenwärtige finanzielle Lage von „DF1".

## 1.2.3 Marktzutrittsmöglichkeiten in der analogen TV-Welt

Auf Basis der bislang durchgeführten Marktanalyse läßt sich im Hinblick auf einen möglichen Abbau dominierender Marktstellungen auf den analogen Free-TV-Märkten folgendes Zwischenfazit ziehen:

1. Ein erfolgreicher Marktzutritt ist für Newcomer zur Zeit weder im Free-TV-Bereich noch im Pay-TV-Bereich möglich. Haupthindernis sind hierbei die Engpässe bei den Übertragungskapazitäten der terrestrischen Sendernetze und der Breitbandkabelnetze.

2. Selbst bei einem deutlich größeren Reichweitenpotential für zusätzliche analoge TV-Programmdienste wäre der Marktzutritt eines weiteren kostenintensiven Free-TV-Vollprogrammes aufgrund des damit verbundenen hohen finanziellen Risikos unwahrscheinlich.

3. Auch der Markteintritt von weniger aufwendigen Free-TV-Spartenprogrammen erscheint aufgrund der Rentabilitätssituation der bereits existierenden Anbieter dieses Typs nur dann erfolgversprechend, wenn die Finanzierungsbasis verbreitert werden kann und neben der reinen Werbefinanzierung eine Mischfinanzierung aus Werbeeinnahmen und Zuschauerentgelten ermöglicht würde. Dies setzt den Aufbau einer möglichst flächendeckenden Zugangs- und Abrechnungsinfrastruktur voraus.

4. Die zur Zeit vorhandene auf Premium-Programme ausgerichtete Pay-TV-Dekoderbasis reicht hierzu nicht aus. Notwendig wäre insbesondere die entsprechende Aufrüstung der vorhandenen BK-Netze. Hierzu wäre zum einen der Regulierungsrahmen so zu verändern, daß sich für die Netzbetreiber der Anreiz zu entsprechenden Investitionen erhöht. Zum anderen müßte auch das Problem der für Deutschland charakteristischen eigentumsrechtlichen Trennung der Netzebenen 3 und 4 und der damit zusammenhängenden divergierenden Eigentümerinteressen überwunden werden.

5. Eine Ausweitung der Übertragungskapazitäten und der Aufbau einer breiten Zugangs- und Abrechnungsinfrastruktur würde gleichzeitig auch die Marktzutrittschancen für neue Pay-TV-Veranstalter verbessern. Dies gilt nicht allein für Special-interest-Programme, sondern auch für Premium-Programme, die die Rentabilitätsschwelle zur Zeit noch bei im Vergleich zum Free-TV-Markt geringen Abonnentenzahlen erreichen.

6. Allerdings gilt es zu berücksichtigen, daß mit einem solchen Ausbau der TV-Netzinfrastruktur sich auch die Expansionsmöglichkeiten der gegenwärtigen Marktführer verbessern (Aufbau von Senderfamilien im Free-TV, Aufbau von Programmpaketen im Pay-TV).

7. Die Tatsache, daß das Angebot wichtiger Ressourcen, wie die Übertragungskapazitäten für TV-Programme und die Rechte für Premium-Programme, aufgrund der jeweiligen spezifischen Produktionsbedingungen von wenigen Unternehmen kontrolliert werden, wirkt zur Zeit nicht als

Marktzugangsschranke. Sie stellt aber insofern ein latentes Problem dar, als sie vertikal integrierten TV-Veranstaltern mit hohem Marktanteil auf diesen vorgelagerten Märkten die Diskriminierung von Wettbewerbern ermöglichen würde.

8. Angesichts der großen Bedeutung der technischen Reichweite für den wirtschaftlichen Erfolg von TV-Veranstaltern bergen vertikale Verflechtungen zwischen TV-Veranstaltern und den Betreibern von Übertragungsnetzen das größte Risiko. Außer durch das Verbot einer solchen Verflechtung kann dieses Mißbrauchspotential auch dadurch verringert werden, daß der Wettbewerb zwischen den verschiedenen Übertragungswegen gesteigert wird und sich so die Ausweichmöglichkeiten für TV-Veranstalter erhöhen. Instrumente wären beispielsweise die Vergabe von Lizenzen zum Betrieb der einzelnen Übertragungswege an unterschiedliche Unternehmen oder die Beschränkung der Aktivitäten von Netzmonopolen auf kleinere Regionen.

9. Wegen der nicht ganz so großen Bedeutung des Zugangs zu Premium-Programm-Rechten und der deutlich niedrigeren Marktanteile der größten Rechteanbieter ist das Mißbrauchspotential einer vertikalen Verflechtung von TV-Veranstaltern und Rechteinhabern geringer einzustufen. Kritisch sind allerdings dominierende Marktstellungen zu beurteilen, die temporär entstehen, wenn – wie es zur Zeit bei Premium-Pay-TV-Rechten für den deutschsprachigen Raum der Fall ist – für einen längeren Zeitraum die exklusiven Verwertungsrechte eines großen Teil des Gesamtangebotes von einem einzigen Unternehmen erworben werden.

## 1.3 Digitales Fernsehen

### 1.3.1 Entwicklung neuer Verteil- und Abrufdienste

Der Begriff „Digitales Fernsehen" wird nicht allein für TV-Programmdienste mit traditioneller Programmstruktur verwendet, die mit Hilfe digitaler Codierungs- und Signalübertragungsverfahren verbreitet werden. Vielmehr werden oft auch neue digital übertragene Dienste einbezogen, die einen Rückkanal zwischen Zuschauern und Diensteanbietern voraussetzen. Die folgenden Überlegungen zur Entwicklung der digitalen TV-Welt beschränken sich jedoch auf die zur Zeit üblichen juristischen Definitionen:[50]

– *Digitale TV-Programmdienste* sind reine Verteildienste, bei denen die einzige Einflußmöglichkeit des Zuschauers in der Auswahl zwischen verschiedenen Programmen besteht. Hierunter fallen also beispielsweise auch neue Angebote, bei denen die gleichen Sendungen zeitversetzt angeboten

---

50    Vgl. auch Punkt 3 dieser Studie.

werden oder bei denen eine Auswahl zwischen unterschiedlichen Kamera-Perspektiven (z.B. bei Sportprogrammen) besteht.

Hiervon zu unterscheiden sind Medien- und Teledienste:

- *Digitale Mediendienste* sind Medieninhalte unterschiedlicher Form (Texte, Grafiken, Bilder, Ton- oder Videosequenzen), die von einem Zuschauer über ein Netz individuell aus einem Speicher (Programmserver) abgerufen werden können, also insbesondere Online-Datenbanken.
- *Digitale Teledienste* sind Angebote, bei denen Informationen in einem unmittelbaren Zusammenhang mit wirtschaftlichen Transaktionen, z.B. Teleshopping, abgerufen werden können oder bei denen nichtmediale Inhalte (Spiele, Software, Daten) über ein Kommunikationsnetz bezogen werden.

Eine Konsequenz der Digitalisierung der Übertragungsverfahren ist, daß die eindeutige Zuordnung von Netzinfrastrukturen zum Rundfunk- oder zum Telekommunikationsbereich aufgehoben wird:

- Durch eine entsprechende Aufrüstung bzw. Kopplung mit Rückkanälen können in Breitbandkabelnetzen neben TV-Programmdiensten auch Medien- und Teledienste angeboten werden.
- Durch neue Übertragungsverfahren wie ADSL/XDSL oder ATM können in den existierenden leitungsgebundenen Telefonortsnetzen auch Videosignale übertragen werden, so daß sich grundsätzlich auch das Konzept einer „Verteilvermittlung" realisieren läßt: von einer zentralen Kopfstelle, zu der über terrestrische Frequenzen oder Satellit eine große Zahl von TV-Programmdiensten transportiert wird, kann jeder Teilnehmer über seine „Telefonleitung" das gewünschte Programm individuell abrufen.[51]

### 1.3.2    Herausbildung neuer Funktionen
### beim Angebot digitaler TV-Programmdienste

Mithilfe des digitalen DVB-Übertragungsstandards für TV-Programmdienste läßt sich die Übertragungskapazität aller bestehenden Übertragungswege um ein Vielfaches steigern.[52] Dabei entwickeln sich wegen der unterschiedlichen Technik im Vergleich zur analogen TV-Welt zwei neue Dienstleistungsfunktionen. Es sind dies:

---

51    Das Konzept der Vorteilvermittlung wurde bereits Mitte der 80er Jahre in Zusammenhang mit der Einführung der Glasfasertechnik diskutiert, vgl. J. Seetzen et al., Vermittelte Breitbandkommunikation-Technik, Nutzung, Wirtschaftlichkeit (Schlußbericht), Berlin 1986 (Wirtschafts- und sozialwissenschaftliche Berichte des Heinrich-Hertz-Instituts für Nachrichtentechnik 1986/1).

52    European Broadcasting Union (Hrsg.), DVB Digital Video Broadcasting, The Global Solution, Genf 1997.

– *Multiplexing des digitalen Sendesignals*: Aufgrund der spezifischen DVB-Übertragungstechnik für digitale TV-Signale im MPEG-Standard werden mehrere Programme zu einem Datencontainer gemischt und gemeinsam innerhalb der herkömmlichen Übertragungskanäle verbreitet.

– *Bereitstellung einer technischen Infrastruktur für die Digital-Analog-Wandlung*: Solange die vorhandenen TV-Apparate die digitalen MPEG-Signale nicht direkt verarbeiten können, sind Zusatzgeräte notwendig, um die notwendige Rückwandlung in analoge PAL-Signale durchzuführen.

Wären die begrenzten Übertragungskapazitäten der terrestrischen Sendernetze und der Breitbandkabelnetze das einzige Hindernis für den Start neuer TV-Programmdienste, so blieben die Veränderungen der Marktstrukturen in der digitalen TV-Welt relativ gering. Die nur noch geringen Wachstumsraten der TV-Werbenachfrage in Deutschland führen jedoch dazu, daß zusätzliche digitale TV-Programmdienste von privaten Anbietern überwiegend als Pay-TV-Angebot geplant sind. Die Schwelle, ab der eine Programmerweiterung nur noch durch Aktivierung zusätzlicher Zuschauerentgelte rentabel ist, wurde in kleineren Ländern bereits früher erreicht. Deutschland verfügt wegen seines großen TV-Werbemarktes und der breiten Rundfunkgebührenbasis damit zum Zeitpunkt der Einführung Digitalen Fernsehens über ein vergleichsweise kleines analoges Pay-TV-Angebot, aber ein sehr umfangreiches Free-TV-Angebot. Dies bedeutet wiederum, daß auch ein sehr umfangreiches zusätzliches digitales Pay-TV-Angebot angeboten werden muß, um für die Abonnenten attraktiv genug zu sein.[53]

In der digitalen TV-Welt erhalten deshalb auch die folgenden drei Dienstleistungsfunktionen ein großes Gewicht (zur juristischen Einordnung s.u. 2.1.2.1 ):

– *Errichtung und Betrieb eines digitalen Zugangs- und Abrechnungssystems (CA-System)*: Die analogen Verschlüsselungs- und Entschlüsselungsverfahren können nicht weiterverwendet werden, so daß eine neue Pay-TV-Infrastruktur errichtet werden muß. Diese umfaßt zum einen technische Komponenten (Verschlüsselung, Smart-Card-Technik) und zum anderen das Abrechnungsmanagement.

– *Bereitstellung eines Navigators (elektronischer Programmführer; EPG)*: Da davon auszugehen ist, daß sich eine ausreichende Nachfrage für digitale TV-Programmdienste nur entwickelt, wenn sich ihre Zahl gegenüber der analogen TV-Welt noch einmal deutlich erhöht, ist als zusätzlicher Service ein Programmführer (Navigator) erforderlich, der dem Zuschauer ein einfaches Auffinden der gewünschten Programminhalte ermöglicht.

– *Zusammenstellung von Programmpaketen*: Aufgrund der Vorteile einer gemeinsamen Vermarktung werden digitale TV-Programme überwiegend

53   Vgl. F. Breunig, Marktchancen des digitalen Fernsehens, München 1997.

als Teil von Programm-Paketen angeboten werden. Neben der Bündelung von Pay-TV-Programmen zu Programmbouquets, wie sie bereits in der analogen TV-Welt vorkommt, kann bei Netzen mit Rückkanal auch eine Kombination von TV-Programmdiensten mit Medien- und Telediensten eine Rolle spielen. Diejenigen Unternehmen, die die Zusammenstellung der Programm- bzw. Dienstleistungspakete durchführen, werden dabei in der Regel auch das technische Multiplexing übernehmen.

Die zur Zeit in Deutschland favorisierten technischen Lösungen für die Pay-TV-Infrastruktur sehen die Integration von Digital-Analog-Wandlung, eines CA-Systems und eines EPG in einer sogenannten Set-Top-Box vor, wobei beim digitalen CA-System und beim EPG unterschiedliche technische Alternativen entwickelt wurden.[54]

Die unter wirtschaftlichen Gesichtspunkten entscheidende Veränderung der Marktstrukturen in der digitalen TV-Welt ist damit in Deutschland das stärkere Gewicht des Pay-TV-Marktes und die damit in Zusammenhang stehende Herausbildung einer zusätzlichen Vermarktungsstufe (Schaubild 1.3.1). Diese umfaßt sowohl den inhaltlichen Aspekt der Zusammenstellung von einzelnen TV-Programmdiensten zu Bouquets als auch den Aspekt der Spezifizierung einer geeigneten technischen Plattform, d.h. von CA-System und EPG in den Set-Top-Boxen. Dabei ist die Kopplung zwischen einer bestimmten technischen Plattform und einem bestimmten Programm-Paket nicht zwingend. Die Entwickler und Betreiber der Set-Top-Boxen bestimmen jedoch in jedem Fall die Verwertungsmöglichkeiten für digitale Angebote entscheidend mit, so daß diejenigen, die die Programmpakete zusammenstellen, immer auch ein großes Interesse an der Kontrolle der technischen Plattform haben werden.

Im folgenden soll der Frage nachgegangen werden, welche Formen des Wettbewerbs sich auf dieser neuen Vermarktungsstufe digitaler TV-Programmdienste aus heutiger Sicht herausbilden werden. Die Zahl möglicher Anbieter und ihre vertikale Verflechtung mit TV-Veranstaltern oder Netzbetreibern hat große Auswirkungen auf die Marktzutrittsmöglichkeiten in der digitalen TV-Welt. Die Marktstruktur wird vor allem von der Marktgröße, d.h. von der Verbreitung digitaler Pay-TV-Empfangsmöglichkeiten in den deutschen TV-Haushalten abhängen. Das Diffusionstempo der digitalen Technik wird wiederum im Zusammenspiel von Investitionsentscheidungen der Infrastrukturbetreiber und der Zahlungsbereitschaft der privaten Haushalte bestimmt.

---

54    Vgl. E. Eckstein, Evolution statt Revolution, Digitale-TV-Technik, tendenz Nr. IV/1997.

Schaubild 1.3.1

Analoge und digitale TV-Märkte: Verwertungsstufen

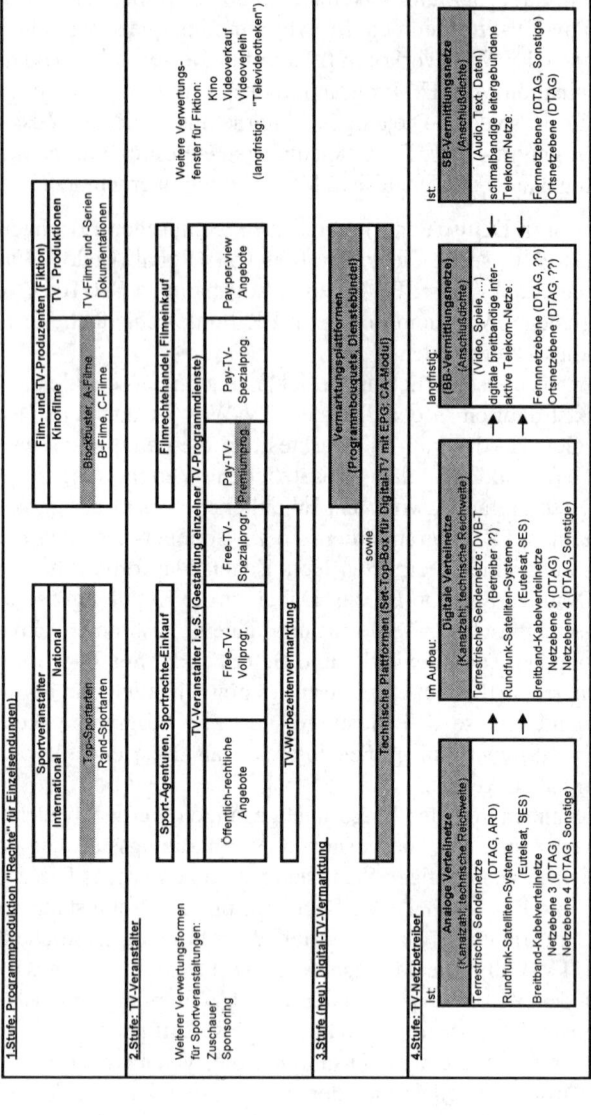

### 1.3.3 Entwicklung der digitalen Infrastruktur für TV-Programme

#### 1.3.3.1 Optionen für den Aufbau einer digitalen TV-Infrastruktur

Je nach Art der Dienste, die dem Zuschauer zusätzlich angeboten werden sollen, können im Zusammenhang mit dem Aufbau einer digitalen Infrastruktur verschiedene Investitionsstufen unterschieden werden:

– Erweiterung der Übertragungskapazitäten für zusätzliche Free-TV-Programmdienste
– Erweiterung der Zugangskontroll- und Abrechnungsinfrastruktur für zusätzliche Pay-TV-Angebote
– Veränderung der bestehenden Netzinfrastrukturen, um kombinierte Angebote aus TV-Programmdiensten, Medien- und Telediensten zu ermöglichen.

Hierbei sind grundsätzlich zwei Entwicklungspfade möglich. Zum einen können die vorhandenen analogen TV-Distributionswege digitalisiert und um Pay-TV-Komponenten bzw. um Rückkanäle erweitert werden. Zum anderen können die leitergebundenen Telekommunikationsortsnetze so ausgebaut werden, daß sich darüber auch TV-Programmdienste übertragen lassen.[55]

Alle drei herkömmlichen TV-Distributionswege sind auch zur Übertragung digitaler TV-Signale geeignet. Der Kapazitätsgewinn liegt bei der Kabel- und Satellitenübertragung beim 4-5-fachen der analogen Kapazität. Bei der terrestrischen Übertragung ist er sogar noch größer, da zur Ausstrahlung eines digitalen Datencontainers im gesamten Verbreitungsgebiet die gleichen Frequenzen genutzt werden können (Gleichwellennetze).

Wegen der fehlenden digitalen Empfangstechnik in den TV-Haushalten ist allerdings kein abrupter Umstieg von der analogen zur digitalen Übertragung von TV-Signalen möglich. Die zur Zeit für die analoge Distribution verwendeten Übertragungskapazitäten stehen deshalb längere Zeit nicht für zusätzliche digitale Angebote zur Verfügung. Der Übergang von der analogen in die digitale TV-Welt erfordert deshalb zunächst – neben der digitalen Aufrüstung der Empfangsgeräte – auch eine Ausweitung der Übertragungskapazitäten. Während eine solche Ausweitung bei den Distributionswegen Kabel und Satellit technisch unproblematisch ist, stehen in Deutschland für digitale terrestrische TV-Angebote nur wenige zusätzliche Frequenzen, z.B. die Kanäle 61-69 im UHF-Band, zur Verfügung.

Keine großen Differenzen gibt es zwischen den drei herkömmlichen TV-Distributionswegen hinsichtlich der Investitionserfordernisse für eine Pay-

---

55    Vgl. VPRT 1997 (Fn. 27).

TV-Infrastruktur. Jeder TV-Haushalt benötigt eine elektronische CA-Komponente, die entweder in eine Set-Top-Box integriert ist, oder aber als fester Bestandteil eines Kabelnetzabschlusses installiert wird.

Will man schließlich mehr als zusätzliche Free-TV und Pay-TV-Angebote verbreiten, so gibt es hinsichtlich des Nutzungspotentials für breitbandige Medien- und Teledienste große Unterschiede zwischen den drei heute genutzten Distributionswegen.

Prinzipiell lassen sich Medien- und Teledienste auch in den existierenden Verteilnetzen realisieren, obwohl diese jeweils so konzipiert sind, daß das gesamte Angebot zu allen Teilnehmern transportiert wird. Wie beim Pay-TV ist deshalb zum einen eine Infrastruktur notwendig, die einen individuellen Zugriff ermöglicht. Darüber hinaus müssen aber auch eine große Zahl zusätzlicher Übertragungskanäle zur Verfügung stehen, die dann den jeweils aktuell gewünschten Diensten zur Verfügung gestellt werden können. Mit steigenden Teilnehmerzahlen steigt allerdings die Wahrscheinlichkeit unterschiedlicher Präferenzen für Medien- und Teledienste und damit auch die vorzuhaltende Übertragungskapazität. Aus diesem Grund sind terrestrische Sendernetze und Rundfunksatelliten – selbst bei vollständiger Digitalisierung – nur eingeschränkt für ein kombiniertes Angebot von TV-Programmdiensten mit breitbandigen Medien- und Telediensten geeignet.[56]

Breitbandige Medien- und Teledienste können deshalb aus heutiger Sicht nur über leitergebundene Netze angeboten werden. Bei einem Angebot über die vorhandenen Breitbandkabelnetze wären gegenüber dem gegenwärtigen Ausbauzustand folgende Investitionen notwendig:

– Die Übertragungskapazität müßte deutlich vergrößert werden.
– Breitbandkabelnetze mit großen Teilnehmerzahlen müssen so aufgerüstet werden, daß sie in kleinere Teilnetze mit jeweils unterschiedlichem Angebot aufteilbar sind. Ansonsten würden die für breitbandige Medien- und Teledienste vorzuhaltenden Übertragungskapazitäten zu groß.
– Beide Anforderungen betreffen sowohl die Netzebene 3 als auch die Netzebene 4. Vor allem die beschränkten Übertragungskapazitäten vieler Gemeinschaftsantennenanlagen, die in vielen Fällen eine komplette Neuverlegung erforderlich machen, stellen zur Zeit in Deutschland eine wesentliche technische Barriere für die Erweiterung des Kabelnetzangebotes um breitbandige Medien- und Teledienste dar.

Dagegen ist der notwendige Rückkanal kein grundlegendes technisches Problem. Dies gilt sowohl für Dienste, bei denen lediglich die Selektion aus einem zwar stark erweiterten, aber dennoch von den Dienste-Anbietern vorgegebenen Angebot ermöglicht wird (z.B.: Video-on-demand, Abruf von

---

56 Schmalbandige Angebote lassen sich dagegen - wie das Internet-Angebot von DirecTV oder die DAB-Datendienste zeigen - durchaus auch terrestrisch oder über Satellit realisieren.

Internet-Seiten, Downloading von Software), als auch für Dienste, bei denen zusätzlich eine aktive Kommunikation zwischen Teilnehmer und Anbieter oder sogar zwischen allen Teilnehmern des Dienstes stattfinden soll (z.B.: Telebanking, E-Mail, Diskussionsforen). Letztere benötigen zwar eine komplexere Rückkanaltechnik, diese kann jedoch durch eine entsprechende Schnittstelle zwischen Set-Top-Box und Telefonnetz realisiert werden.

Die zweite grundlegende Alternative, um breitbandige Medien- und Teledienste zusammen mit TV-Programmdiensten anbieten zu können, ist eine entsprechende Aufrüstung der Telekommunikationsortsnetze. Bereits realisiert sind dort die teilnehmerindividuelle Übertragung von Kommunikationsinhalten, der Rückkanal und die Abrechnungsinfrastruktur. Investitionen würden zum einen für die Heranführung von TV-Programmdiensten an die Ortsvermittlungsstellen anfallen. Noch bedeutender sind allerdings die Investitionen, die notwendig werden, um die gegenwärtigen Kapazitätsengpässe auf den Teilnehmeranschlußleitungen zu überwinden. Hierzu werden neue Elektronik-Komponenten in den Vermittlungsrechnern und den Teilnehmergeräten benötigt. Am vielversprechendsten im Hinblick auf diese Erweiterung der Übertragungskapazitäten ist zur Zeit die sog. ADSL-Technik.

## 1.3.3.2 Investitionskosten

Alle beim Ausbau der digitalen TV-Infrastruktur anfallenden Investitionskosten müssen letztlich von den TV-Haushalten getragen werden, sei es direkt als Ausgaben für Endgeräte oder indirekt in Form von Gerätemieten oder als Teil von Dienstekosten. Wie hoch diese Kosten sind, ist gegenwärtig nur schwer zu quantifizieren. Die Beträge, die für einzelne Elemente der digitalen TV-Infrastruktur zur Zeit genannt werden, weichen teilweise stark voneinander ab. Außerdem sind die zu erwartenden Preissenkungen, die sich durch den technischen Fortschritt bei den Bauelementen sowie durch Massenproduktionsvorteile ergeben werden, nicht exakt prognostizierbar.

Der unterschiedliche Aufwand für die Ausweitung der Übertragungskapazitäten bei den einzelnen Übertragungswegen ist allerdings grob abzuschätzen:

– Bei der Satellitenübertragung fallen für zusätzliche digitale Transponder im Prinzip die gleichen Investitions- und Betriebskosten an, wie für zusätzliche analoge Transponder. Sie liegen gegenwärtig bei rund 7 Mill. DM je Transponder und Jahr. Aus der Sicht eines TV-Veranstalters, der ein zusätzliches digitales TV-Programm verbreiten will, bedeutet dies Distributionskosten von etwa 1,2 Mill. DM pro Jahr. (Annahme: durchschnittlich 6 digitale TV-Programmdienste je Transponder). Je erreichbarem Satellitenhaushalt in Deutschland sind dies etwa 0,11 DM.

– Noch offen sind die Investitionskosten, die mit der Errichtung flächendeckender digitaler terrestrischer Senderketten verbunden wären. Da die vorhandenen terrestrischen Sender nur mit zusätzlicher digitaler Elektronik ausgestattet werden müssen, dürfte der Aufwand allerdings nicht allzu groß sein. Andererseits ist zu berücksichtigen, daß die analogen terrestrischen Sender vergleichsweise hohe Betriebskosten haben und daß nur noch 5,5 Mill. TV-Haushalte ihre TV-Signale ausschließlich terrestrisch empfangen. Damit dürften die Distributionskosten je erreichbarem TV-Haushalt aus der Sicht der TV-Veranstalter über den Kosten der digitalen Satellitenübertragung liegen.

– Dies gilt in jedem Fall auch für eine digitale Verbreitung über Breitbandkabelnetze. Bei einer Erweiterung aller Kabelnetze der Ebenen 3 und 4 um den Frequenzbereich 450-862 MHz – dies sind 40 analoge Übertragungskanäle, die von etwa 240 digitalen Programmdiensten genutzt werden könnten – rechnet der VPRT mit Investitionskosten von etwa 6,6 Mrd. DM, davon allein 2,1 Mrd. DM in der Netzebene 4. Die DTAG geht sogar von noch höheren Summen aus. Dies bedeutet, daß ein Kanal einschließlich der Betriebskosten drei bis viermal so teuer ist wie ein Satellitentransponder. Auch wenn man berücksichtigt, daß über Kabelnetze fast doppelt so viel TV-Haushalte erreichbar sind wie über Satellit, liegen die Kabel-Distributionskosten damit aus Sicht der TV-Veranstalter rund doppelt so hoch wie bei der Satellitenverbreitung. Würden diese Kosten wie bisher hauptsächlich von den Kabelhaushalten getragen, entspräche dies jährlichen Ausgaben von mindestens 30 bis 40 DM je Kabelhaushalt und Jahr.[57]

Hinzu kommen für die Pay-TV-Angebote bei allen Übertragungswegen die Kosten für die Set-Top-Boxen, die die Digital-Analog-Wandler und die Zugangskontrolle (CA-Modul) enthalten. Die zur Zeit im Ausland geforderten Preise gehen weit auseinander und reichen von 500-1500 DM. Dies würde zu Dekoder-Mieten von jährlich 120 DM und mehr führen. Man kann allerdings davon ausgehen, daß in wenigen Jahren das gegenwärtige Preisniveau von analogen Pay-TV-Dekodern (rund 250-300 DM) erreicht werden kann.

Falls die Set-Top-Boxen auch Funktionen enthalten sollen, die eine Verbindung zum Telekommunikationsnetz oder eine andere Form des Rückkanals (und damit auch ein zusätzliches Angebot von Medien- und Telediensten) ermöglichen, steigen die Kosten nochmals an.

Die Investitionskosten, die damit je Nutzer bei einem Ausbau der Breitbandkabelnetze für interaktive Nutzungen anfallen, nähern sich damit den Beträgen, die bei einer Aufrüstung der Telekommunikationsortsnetze mit

---

57 Sie lägen allerdings deutlich niedriger (um mehr als ein Drittel), wenn kein Vollausbau der Breitbandkabelnetze betrieben wird, sondern lediglich die Netze mit hoher Anschlußdichte erweitert würden (d.h. bei einem angestrebten Versorgungsgrad von etwa 50%), vgl. VPRT 1997 (Fn. 27).

ADSL-Technik notwendig werden (1 500-2 000 DM). Auch hier sind allerdings in den nächsten Jahren deutliche Preissenkungen zu erwarten.[58]

### 1.3.3.3 Ausbaustand und Ausbauplanungen

Vor diesem wirtschaftlichen Hintergrund wurden bislang in Deutschland folgende Investitionen für den Aufbau einer digitalen TV-Infrastruktur durchgeführt oder geplant:

#### 1.3.3.3.1 Erweiterung der Übertragungswege um zusätzliche digitale Kapazitäten

Die ersten digitalen terrestrischen TV-Sender sollen im Verlauf des Jahres 1998 in Betrieb gehen. Wie die zur Verfügung stehenden knappen Übertragungskapazitäten auf bundesweite und regionale Angebote aufgeteilt werden sollen, ist allerdings noch offen.[59]

Mit dem Aufbau digitaler Satellitenübertragungskapazitäten wurde dagegen bereits 1996 begonnen. SES hat innerhalb seines ASTRA-Satellitensystems zur Zeit 90 digitale Transponder und wird deren Zahl im Jahr 1998 um weitere 32 erhöhen (Astra 1D-1H). Eutelsat bietet über HotBird 2-5 zusammen 98 digitale Transponder an.[60]

Die Breitbandkabelnetze der Ebene 3 wurden von der DTAG bis 450 MHz aufgerüstet. In diesem Frequenzbereich sollen 12 Kanäle für die Übertragung digitaler TV-Programmdienste genutzt werden. Von den Gemeinschaftsantennenanlagen der Netzebene 4 sind 75-85% ebenfalls für diesen Frequenzbereich ausgelegt. Konkrete Planungen für einen weiteren Ausbau der Netzebenen 3 und 4 bis 862 MHz gibt es bislang nicht, allerdings sind schon heute 10-15% der Kabelhaushalte an Großgemeinschaftsantennenanlagen angeschlossen, die bis 606 MHz ausgebaut sind.[61]

Noch ungeklärt ist die Zeitdauer der Übergangsphase, in der digitale und analoge Angebote parallel übertragen werden sollen. Bislang gehen die Vorstellungen dahin, 2010 die Übertragungen analoger TV-Signale über alle Distributionswege einzustellen.[62] Voraussetzung ist aber eine entsprechend weite Verbreitung digitaler Empfangsgeräte bzw. Set-Top-Boxen in den TV-Haushalten.[63]

---

58  Zu den Kosten verschiedener Technikalternativen vgl. VPRT 1997 (Fn. 27), S. 63.
59  Bundesministerium für Wirtschaft (Hrsg.), Markteinführung des digitalen Hörfunks und Fernsehens in Deutschland, Abschlußbericht der Arbeitsgruppe „Digitaler Rundfunk", vom 8.5.1998.
60  Europäische Audiovisuelle Informationsstelle (Fn. 7), S. 141 ff.
61  VPRT 1997 (Fn. 27).
62  So die Kabinettsentscheidung vom 24. August 1998.
63  Bundesministerium für Wirtschaft (Fn. 59).

### 1.3.3.3.2 Aufbau einer digitalen Pay-TV-Infrastruktur

Set-Top-Boxen, mit denen digitale TV-Programmdienste gegen Entgelt empfangen werden können, wurden bislang nur von den beiden Anbietern digitaler Pay-TV-Bouquets „Premiere" (ca. 30 000) und „DF1" (ca. 250 000) vermietet. Von den Kabelnetzbetreibern wurden keine eigenen Zugangskontrollsysteme aufgebaut.

### 1.3.3.3.3 Aufbau einer digitalen Infrastruktur für kombinierte Angebote von TV-Programm-, Medien- und Telediensten

Die Kabelnetzbetreiber in Deutschland haben bislang noch keine Investitionen vorgenommen oder geplant, die ein bundesweites Angebot von breitbandigen Medien- und Telediensten ermöglichen würden. Hingegen plant die DTAG ab Ende 1998 die flächendeckende Einführung von entsprechenden ADSL-Diensten in ihren Telekommunikationsortsnetzen.[64]

Damit ist für die nächsten Jahre in Deutschland eine Entwicklung der digitalen TV-Infrastruktur zu erwarten, die sich vor allem in folgenden Punkten von der Entwicklung anderer Länder unterscheidet:

– die Distributionsinfrastruktur von TV-Programmdiensten und interaktiven Medien- bzw. Telediensten bleibt auch in der digitalen TV-Welt zunächst weitgehend getrennt,

– es gibt zunächst weiterhin keine veranstalterunabhängige Pay-TV-Infrastruktur,

– zusätzliche digitale Free-TV- und Pay-TV-Angebote können für einen relativ langen Zeitraum in größerer Zahl nur über Kabel- und Satellit empfangen werden.

Wesentliche Ursachen sind die Entscheidungen der DTAG, zum einen die Breitbandnetze allein für zusätzliche digitale Programmdienste zu nutzen und zum anderen auf den Aufbau einer eigenen Pay-TV-Infrastruktur (bzw. einer gemeinsamen Pay-TV-Infrastruktur aller Kabelnetzbetreiber) zu verzichten.[65]

### 1.3.4 Nachfrage nach digitalen TV-Programmdiensten

#### 1.3.4.1 Zahlungsbereitschaft und Zusatznutzen

Die TV-Haushalte werden nur dann bereit sein, die mit dem Aufbau einer digitalen TV-Infrastruktur verbundenen Kosten zu tragen, wenn sie davon auch einen zusätzlichen Nutzen haben. Ein solcher Zusatznutzen kann aus heutiger Sicht durch folgende Zusatzangebote entstehen:

---

64  Vgl. Bandbreite für alle, Funkschau, Nr. 13/1998, S. 22 ff.
65  Die jüngste Ankündigung der DTAG, ihre Breitbandkabelnetze zum Teil verkaufen zu wollen, könnte hier eine Veränderung bewirken.

### 1.3.4.1.1 Angebot an HDTV-Programmen

HDTV-Programme, die gegenüber herkömmlichen TV-Programmdiensten eine vierfach höhere Übertragungskapazität benötigen, vermitteln ein deutlich intensiveres TV-Erlebnis („Telepräsenz"). Allerdings kann ein TV-Zuschauer diesen Qualitätssprung nur wahrnehmen, wenn er auch über eine entsprechende Empfangstechnik (Großbildschirm) verfügt.

### 1.3.4.1.2 Erhöhung der Zahl der TV-Programmdienste

Der mit einer größeren Programmzahl verbundene Zusatznutzen des TV-Zuschauers ist eine größere Wahlfreiheit. Eine aus Zuschauersicht befriedigende Wahlsituation sollte gewährleisten, daß sich möglichst zu jeder Zeit genau das Programmformat, für das man aktuell die höchste Präferenz hat, auch im Gesamtangebot befindet. Eine Ausweitung der TV-Programmproduktion ist hierfür nicht unbedingt notwendig. Auch die vermehrte Ausstrahlung von Wiederholungen bzw. die zeitversetzte Ausstrahlung der gleichen Sendungen kann die Zeitsouveränität der TV-Zuschauer deutlich erhöhen.

### 1.3.4.1.3 Zugang zu Tele- und Mediendiensten

Medien- und Teledienste sind bislang überwiegend schmalbandige Angebote (Texte, Grafiken, Fotos, Tonsequenzen), deren Online-Nutzung nur mit Hilfe von PCs erfolgen kann, die an die herkömmlichen Telekommunikations- und Datennetze angeschlossen sind. Eine technische Aufrüstung der TV-Apparate (z.B. WEB-TV) macht es möglich, daß auch TV-Haushalte ohne PC derartige Dienste nutzen können. Durch die hohe Übertragungsgeschwindigkeit, die in den TV-Übertragungswegen realisiert werden kann, ist das Angebot zur Zeit sogar qualitativ besser als der Zugang über herkömmliche Datenleitungen. Zudem können, wie gesehen, über Breitbandkabelnetze auch breitbandige Abrufdienste, z.B. Video-on-demand-Dienste, angeboten werden.

Solange nicht ein technischer Durchbruch zu deutlichen Preissenkungen bei der Herstellung von flachen Großbildschirmen führt, dürften HDTV-Programmdienste die Nachfrage nach digitalen Empfangsmöglichkeiten kaum beeinflussen. Der Zugang zu Medien- und Telediensten dürfte als Grund für die Nachfrage nach digitaler Empfangstechnik ebenfalls nur bei wenigen Haushalten eine Rolle spielen, zumal die ADSL-Technik die technischen Vorteile eines Zugangs über TV-Distributionswege bald aufheben wird. Als wesentlicher Zusatznutzen, der die TV-Haushalte in größerer Zahl zur Nachfrage nach digitaler Empfangstechnik veranlassen könnte, bleibt damit aus heutiger Sicht eine deutliche Ausweitung des TV-Programmangebotes und die damit verbundene größere Wahlfreiheit für den TV-Zuschauer.

### 1.3.4.2 Rentabilitätsbedingungen für zusätzliche TV-Programmdienste

Wie bereits erläutert, ist ein zusätzliches digitales Free-TV-Angebot aufgrund der ungünstigen wirtschaftlichen Rahmenbedingungen (zunächst nur geringe technische Reichweite, zurückhaltende Werbenachfrage) eher unwahrscheinlich. Ausnahmen gelten nur für ein gebührenfinanziertes öffentlich-rechtliches Angebot sowie für private Angebote, bei denen der direkte Verwertungsaspekt nicht im Vordergrund steht und die Finanzierung aus anderen Quellen erfolgt (z.B. Promotion-Kanäle, Kirchenprogramme). Ein zuschauerattraktives Angebot zusätzlicher digitaler TV-Programmdienste durch gewinnorientierte Veranstalter erscheint damit nur als Pay-TV realistisch. Eine Überschlagsrechnung, die Kosten- und Einnahmeseite gegenüberstellt, soll verdeutlichen, welche Größenordnung dabei die Nachfrage erreichen muß, damit derartige Pay-Angebote die Rentabilitätsschwelle erreichen können.

Geht man vom derzeitigen *Kostenniveau* von Pay-TV- und Free-TV-Programmdiensten aus, so lassen sich verschiedene Kategorien von Programmen unterscheiden:

– ein Premium-Pay-TV-Programmdienst, der überwiegend auf aktuelle Kinofilme und exklusive Sportereignisse setzt, ist mit Programmkosten von 750 – 1 000 Mill. DM zu realisieren
– anspruchsvolle Spartenprogramme, die zu einem großen Teil aus Neuproduktionen bestehen, kosten 150 – 200 Mill. DM
– dagegen können Programme, die sich überwiegend auf die Ausstrahlung von Archivmaterial oder auf die Wiederholung bzw. zeitversetzte Sendung von anderen Programmdiensten beschränken, bereits für 30 bis 50 Mill. DM produziert werden.

Ein Pay-TV-Programmbouquet mit 25-30 Kanälen, das ein Premium-Programm und 4 oder 5 anspruchsvolle Spartenkanäle enthält, erfordert damit einschließlich der Distributionskosten und der Pay-TV-spezifischen Transaktionskosten Gesamtaufwendungen von 2-2,5 Mrd. DM pro Jahr.

Die *Einnahmen* sind einerseits von der Zahl der Pay-TV-Haushalte und andererseits von deren Zahlungsbereitschaft abhängig, wobei davon auszugehen ist, daß mit sinkenden Programmkosten die Zahl der zahlungsbereiten TV-Haushalt zunimmt. Zu berücksichtigen ist außerdem, daß in allen Fällen zusätzliche Technikkosten für die digitale Pay-TV-Infrastruktur von mindestens 20 DM im Monat anfallen werden.

Unter der extremen Ausnahme, daß der gegenwärtige Anteil der Pay-TV-Haushalte von 5% nicht mehr zunehmen würde, müßten diese jeweils rund 100 DM im Monat ausgeben, damit sich *ein Pay-TV-Bouquet* im beschriebenen Umfang refinanzieren kann. Dies wäre doppelt so viel wie die gegenwärtigen Abonnementskosten von „Premiere". Bei einer Niedrigpreisstrategie von 30 DM für das gesamte Bouquet müßte hingegen der Anteil der Pay-TV-Haushalte auf 20% gesteigert werden.

Sollen *zwei oder gar drei Pay-TV-Bouquets* im Wettbewerb bestehen können, müßte es also sowohl zu einer starken Erhöhung der Pay-TV-Zahlungsbereitschaft als auch zu einer deutlichen Zunahme der Pay-TV-Haushalte kommen.

### 1.3.5 Konsequenzen für die Entwicklung der digitalen TV-Welt in Deutschland

Die noch vor einigen Jahren geäußerten sehr optimistischen Erwartungen zu den Entwicklungsperspektiven des Digitalen Fernsehens in Deutschland wurden mittlerweile revidiert.[66] Prognosen, wonach bereits im Jahr 2 000 ein Zehntel der TV-Haushalte digitale Programmbouquets abonnieren wird, sind aus heutiger Sicht unrealistisch. Dagegen erscheinen – ausgehend von der Pay-TV-Nachfrage in anderen Ländern – Szenarien, die für das Jahr 2 010 von 15-20% Pay-TV-Haushalten mit monatlichen Ausgaben von 50-100 DM ausgehen, nicht überzogen.

Sollten diese eher verhaltenen Nachfrageerwartungen zutreffen, so hätte dies für die Entwicklung des Digitalen Fernsehens in Deutschland folgende Konsequenzen:

- Das Nachfragepotential ist zwar ausreichend, um die Digitalisierung der vorhandenen Übertragungswege und den Aufbau einer digitalen TV-Infrastruktur in Gang zu setzen. Die starke Erweiterung der Übertragungskapazitäten der Breitbandkabelnetze, die für ein Angebot von breitbandigen Abrufdiensten (insbesondere Video-on-demand) notwendig wäre, dürfte allerdings nur allmählich erfolgen.

- Das Nachfragepotential ist langfristig ausreichend, um zwei oder sogar drei Pay-TV-Bouquets zu refinanzieren. Das Finanzrisiko für ein weiteres Angebot neben „Premiere" und „DF1" ist allerdings sehr hoch, so daß bis 2 005 allenfalls damit gerechnet werden kann, daß diese beiden Vermarktungsplattformen die Zahl der von ihnen angebotenen Programme erhöhen oder daß sich zusätzliche Pay-TV-Angebote von Dritten auf diesen Plattformen mitvermarkten lassen.

---

66  Vgl. exemplarisch Booz, Allen & Hamilton (Hrsg.), Zukunft Multimedia, Frankfurt/Main 1995.

# 1.4 Wettbewerbspotential in der digitalen TV-Welt

## 1.4.1 Mögliche Marktstrukturen bei der Vermarktung digitaler Pay-TV-Angebote

Auf der Vermarktungsebene von digitalen TV Programmdiensten, die sowohl die Zusammenstellung der Programmbouquets bzw. der Dienstebündel als auch die technische Spezifizierung von CA-System und EPG in den Set-Top-Boxen umfaßt, gibt es verschiedene denkbare Anbieterkonstellationen. So könnten diese Aktivitäten beispielsweise weder von TV-Veranstaltern noch von Betreibern der Distributionsinfrastruktur mitübernommen, sondern von unabhängigen Dienstleistern wahrgenommen werden. Gegen diese Entwicklung spricht allerdings, daß Pay-TV-Veranstalter und Netzbetreiber – wie gesehen – jeweils ein starkes Interesse an einer vertikalen Integration der Vermarktungsebene haben.

Bei einer solchen vertikalen Integration sind zwei Extremvarianten vorstellbar. Ausgehend von der gegenwärtigen Direktvermarktung des analogen Pay-TV in Deutschland, könnten mehrere Pay-TV-Bouquets mit jeweils eigenen Set-Top-Boxen gegeneinander um Abonnenten konkurrieren und sich die Betreiber der Übertragungswege weiterhin auf ihre Rolle als Transporteure beschränken. Das andere Extrem wäre eine Konstellation mit durchgängig zweistufiger Vermarktung, d.h. die Betreiber von Rundfunksatelliten mit digitalen Transpondern, von Breitbandkabelnetzen mit digitalen Übertragungskanälen (und künftig auch von digitalen terrestrischen Sendernetzen) würden jeweils ihre eigenen verschlüsselten Programmbouquets zusammenstellen und eigene Set-Top-Boxen entwickeln, so daß die Pay-TV-Veranstalter nur noch Zulieferer wären. Beide Extreme sind allerdings – abgesehen von den existierenden regulativen Einschränkungen – vor dem Hintergrund der damit verbundenen Investitionskosten bzw. der in den nächsten Jahren zu erwartenden relativ geringen Abonnentenzahlen für digitale Pay-TV-Angebote eher unwahrscheinlich.

Ein Wettbewerb mehrerer miteinander inkompatibler Direktvermarktungssysteme setzt einen ausreichend großen Markt und eine so stark segmentierte Nachfrage voraus, daß auch Einzelprogrammanbieter oder Anbieter kleinerer Programmbouquets aus ihren Einnahmen jeweils sowohl die Programmproduktions- und -distributionskosten als auch ihr eigenes Vermarktungssystem finanzieren können. In der Regel sind größere Programmbouquets allerdings für Zuschauer attraktiver, und sie haben, bezogen auf ein einzelnes Programm, durch den Bündelungseffekt niedrigere Vermarktungskosten. Ein Pakete-Anbieter, der einmal einen Vorsprung erreicht hat, wird ihn deshalb in der Regel kontinuierlich ausbauen können. Ab einem bestimmten Punkt wird es dann auch für kleinere Pay-TV-Bouquets sinnvoller, die eigene Vermarktung aufzugeben und statt dessen zu versuchen, in das führende Programmbouquet aufgenommen zu werden. Kosten-Nutzen-Überlegungen dürften auch die Betreiber von digitalen terrestrischen Sendernetzen oder von Rundfunksatelliten davon abhalten, eigene Vermarktungssysteme aufzubauen. Solange die Entgelte der TV-Veranstalter weiterhin eine ausreichende Refinanzierung dieser Distributionswege gewährleisten, ist eine solche Ausweitung der Aktivitäten kaum wahrscheinlich. Anders ist hingegen die Interessenlage der Kabelnetzbetreiber, die sich hauptsächlich über Zuschauerentgelte finanzieren, und die deshalb eine möglichst große Anschlußquote anstreben müssen. Die Kontrolle des Gesamtangebotes und die Möglichkeit zur Preisdifferenzierung sind wichtige Aktionsparameter, um dieses Ziel zu erreichen.

Insofern erscheinen in Deutschland aus heutiger Sicht nur zwei Anbieterkonstellationen auf der Vermarktungsebene für digitale TV-Programmdienste realistisch:

– die Beibehaltung der gegenwärtigen Konstellation eines durchgängigen Direktvertriebs der Pay-TV-Programme, wobei die wirtschaftlichen Rahmenbedingungen in diesem Fall für eine Konzentrationstendenz hin zu einer einzigen Vermarktungsplattform sprechen,

– der Aufbau eigener Vermarktungssysteme durch die Kabelnetzbetreiber, d. h. die Aufgabe ihrer Rolle als reine Transporteure von TV-Signalen, wobei neben diesem neuen zweistufigen Vertrieb von Pay-TV-Angeboten der Direktvertrieb bei den beiden anderen Übertragungswegen erhalten bliebe.

Bei der zweiten Alternative wäre das Mißbrauchspotential, das mit der Kontrolle der Vermarktungsstufe durch Pay-TV-Veranstalter verbunden ist (und damit die Marktzutrittsschranke für Newcomer), deutlich niedriger als bei der ersten Alternative – vorausgesetzt, es gibt keine vertikalen Verflechtungen zwischen Netzbetreibern und Pay-TV-Veranstaltern.

*1.4.2 Implikationen für den Wettbewerb auf der Veranstalterebene*

Im ersten Modell, bei dem ein oder wenige TV-Veranstalter die Vermarktung digitaler Pay-TV-Angebote kontrollieren, ist die Gefahr hoch, daß der neue technische Engpaß „Set-Top-Box" zum Ausschluß oder zur Diskriminierung von Newcomern genutzt und das mögliche Gesamtangebot an digitalen Pay-TV-Diensten somit künstlich verknappt wird.

Im zweiten Modell gibt es auf der Seite der Kabelnetzbetreiber zwar prinzipiell das gleiche Mißbrauchspotential, solange zusätzliche Angebote jedoch versprechen, die Akzeptanz des Übertragungsweges „Kabelanschluß" bei den Zuschauern zu erhöhen, ist mit einer Diskriminierung von Pay-TV-Veranstaltern nicht zu rechnen. Zudem besteht ein potentieller Wettbewerb mit den anderen Übertragungswegen. Zur Zeit gilt dies nur für die Möglichkeit des Umstieges auf Satellitenempfang. Mit der Vergabe digitaler terrestrischer Frequenzen und dem Ausbau der Telefonnetze zu breitbandigen Telekommunikationsnetzen kommen für die einzelnen TV-Haushalte jedoch in den nächsten Jahren zusätzliche Umstiegsalternativen hinzu. Die dominierende Marktstellung der DTAG auf der Netzebene 3 könnte zudem durch eine Regionalisierung dieses Netzes vermindert werden.

Die gegenwärtige Aufteilung zwischen den beiden Empfangsarten Kabelanschluß und Satellitenempfang (rund 2:1) führt zudem dazu, daß ein veranstalterunabhängiges Vermarktungssystem im Bereich der Breitbandkabelnetze auch die Chancen für mehrere konkurrierende Plattformen bei der Satellitenverbreitung erhöht, da damit die Kosten für den Aufbau eines eigenen Direktvermarktungssystems sinken. Dies verbessert wiederum die Verhandlungsposition von Newcomern für die Aufnahme in eine bereits von einem anderen TV-Veranstalter betriebene Pay-TV-Plattform.

### 1.4.3 Implikationen für das Diffusionstempo digitaler Techniken

Ein durchgängig veranstalterabhängiges Vermarktungssystem für digitale Pay-TV-Angebote kann aus Sicht eines Kabelnetzbetreibers nur dann akzeptabel sein, wenn die mit der Digitalisierung seiner Netze verbundenen Investitionskosten durch entsprechende Entgelte der Veranstalter vollständig gedeckt werden. Ansonsten bliebe ihm ein hohes Risiko im Hinblick auf die Zuschauerakzeptanz, ohne daß er gleichzeitig das Angebot oder den Preis gestalten kann. Mit dem Aufbau eines eigenen Vermarktungssystems durch die Netzbetreiber ist deshalb auch mit einem insgesamt höheren Investitionstempo bei der Digitalisierung der Breitbandkabelnetze zu rechnen.

Dies gilt grundsätzlich sowohl für die Netzebene 3 als auch für die Gemeinschaftsantennenanlagen der Netzebene 4, über die zur Zeit rund zwei Drittel aller Kabelhaushalte ihre TV-Signale empfangen. Sinnvoll, weil kostengünstiger, wären Vermarktungssysteme der Kabelnetzbetreiber, die beide Netzebenen umfassen. Grundsätzlich denkbar ist jedoch auch, daß – für den Fall, daß die Betreiber der Netzebene 3 auf eigene Vermarktungsaktivitäten verzichten – die Betreiber der größeren Antennenanlagen der Netzebene 4 ein gemeinsames eigenes Vermarktungssystem aufbauen. Sie müßten dann ihre TV-Signale nicht mehr von der Netzebene 3, sondern von einem Satelliten übernehmen.

Der gleiche Zusammenhang zwischen eigenen Vermarktungsmöglichkeiten und höheren Investitionen gilt grundsätzlich auch für die Aufrüstung der analogen Breitbandkabelnetze mit einer Rückkanaltechnik für zusätzliche interaktive Medien- und Teledienste. Der dadurch entstehende Preiswettbewerb mit breitbandigen Telekommunikationsnetzen würde mit hoher Wahrscheinlichkeit die Akzeptanz derartiger neuer Dienste verbessern und damit ihre Diffusion im Vergleich zu einem Szenario, bei dem die Breitbandkabelnetze überwiegend auf das Angebot von Verteildiensten beschränkt bleiben, beschleunigen. Hemmend wirkt hier allerdings die gegenwärtige Eignerstruktur in Deutschland, nach der sich die Netzebene 3 der Breitbandkabelnetze und die Telefon-Ortsnetze weitgehend im Besitz des gleichen Unternehmens befinden, sowie die Trennung der Netzebene 3 und 4.

### 1.4.4 Mißbrauchspotential bei der Vermarktung digitaler Pay-TV-Angebote

Im Vergleich zur analogen TV-Welt stellen nicht mehr allein die Übertragungskapazitäten der einzelnen Übertragungswege einen entscheidenden Engpaß dar, sondern auch der Zugang zu einem digitalen Pay-TV-Vermarktungssystem, wobei sowohl die Kontrolle über die technische Plattform als auch über eine erfolgreiche „Vermarktungsmarke" zur Abwehr von Newcomern eingesetzt werden kann. Im einzelnen könnten dabei folgende Instrumente mißbräuchlich ausgenutzt werden:

#### 1.4.4.1 Der Vorgang des technischen Multiplexings

Das Unternehmen, das die Verschachtelung der einzelnen TV-Programmdienste zu einem Datencontainer vornimmt, hat Einfluß auf die technische Qualität der einzelnen Programme.

#### 1.4.4.2 Die Zugangsbedingungen zu einem CA-System

Der Zugang zu einem bestimmten „Conditional Access"-System ist gleichbedeutend mit der Vertriebsmöglichkeit über einen bestimmten Set-Top-Boxen-Typ. Der Zugang könnte vom Lizenzinhaber dieses Systems gänzlich verweigert oder die preislichen und sonstigen Konditionen (z.B. Zugang nur, wenn auch die Abonnentenverwaltung – und damit die Kundendatei – mitübernommen wird) so gesetzt werden, daß sie als Zugangsschranke wirken.

#### 1.4.4.3 Die Zugangsbedingungen zu einem Programmpaket

Erlangt ein bestimmtes Bouquet eine überragende Marktstellung, kann es sein, daß ein offener Zugang zur Set-Top-Box-Infrastruktur dieses Vermarktungssystems für einen erfolgreichen Marktzugang von Newcomern nicht ausreicht, sondern auch eine Aufnahme in die Akquisitionsaktivitäten der etablierten Plattform notwendig wäre. Auch hier ist eine Zugangsverweigerung über abschreckende Preise und Konditionen denkbar.

### 1.4.4.4 Die Programmpräsentation durch den elektronischen Programmführer

Da der Entwickler einer Set-Top-Box bestimmen kann, welche Präsentationsmöglichkeiten der Navigator jedem einzelnen TV-Programmdienst bietet, besteht die Möglichkeit, fremden TV-Veranstaltern zwar einen Zugang zum CA-System zu gewähren, den elektronischen Programmführer jedoch so auszugestalten, daß die eigenen Angebote besser aufzufinden sind und anspruchsvoller (Farbbilder oder Videosequenzen statt reiner Textinformation) präsentiert werden als die Angebote konkurrierender TV-Veranstalter.

Gegenüber konkurrierenden Vermarktungsplattformen können darüber hinaus die Instrumente des *Lieferboykotts bzw. von Kopplungsgeschäften* eingesetzt werden. Ein Netzbetreiber, der sein Angebot selbst zusammenstellen und vermarkten wollte, erhielte dann entweder gar keinen Zugang zu besonders zuschauerattraktiven Premium-Pay-TV-Angeboten oder nur unter der Bedingung, daß alle anderen Angebote des konkurrierenden Programmbouquets mitübernommen werden müssen.

Ein zur Zeit nicht aktuelles, aber langfristig möglicherweise größeres Problem könnte sich aus wirtschaftlichen Verflechtungen zwischen Pay-TV- und Free-TV-Veranstaltern ergeben. Bei der Entstehung einer marktbeherrschenden Stellung eines digitalen Pay-TV-Veranstalters, der gleichzeitig Verwertungsmöglichkeiten im Free-TV-Bereich anbieten kann, könnte es zu mittelbaren Rückwirkungen auf die Wettbewerbsposition anderer Free-TV-Anbieter kommen, falls er beim Zugang zu Premium-Kaufprogrammen im Fiktion- bzw. Sportbereich bevorzugt wird. Solche Marktkonstellationen dürften jedoch erst dann relevant werden, wenn der Pay-TV-Markt die Hauptverwertungsmöglichkeit für Premium-Programme im Fernsehen wird, und damit marktmächtige Pay-TV-Veranstalter eine so große Verhandlungsmacht erlangen, daß sie derartige Kopplungsgeschäfte durchsetzen können.

# 2 Dienstleistungen Digitalen Fernsehens: Entwicklungstendenzen und Stand der Regulierung*

Die ökonomische Analyse dieser Untersuchung geht vom traditionellen Rundfunk und seinen zu erwartenden Veränderungen aus. Dies wird auch im Mittelpunkt der rechtlichen Überlegungen stehen. Allerdings zwingen die Konvergenzphänomene dazu, bei der Entwicklung eines Regelungskonzepts auch andere Formen telekommunikativ vermittelter Kommunikation zumindest im Blick zu behalten. Der folgende Teil stellt dann die neuen Dienstleistungen Digitalen Fernsehens vor dem Hintergrund der Konvergenz dar und schildert die derzeitige Regelungslage in Deutschland und Großbritannien.

## 2.1 Konvergenz von Rundfunk und Telekommunikation

### 2.1.1 Ausgangslage

Datenreduktion und Datenkompression führen – wie bereits oben angesprochen – zu einer Vervielfachung der Übertragungskapazitäten. Daneben entstehen neue Programm- und Vermarktungsformen wie Tele- und Mediendienste oder auch Video-on-demand. Darüber hinaus werden durch die Digitalisierung sowohl die Übertragungswege als auch die Endgeräte untereinander kompatibel. Die Digitalisierung führt zu einer Aufhebung der Trennung einzelner Netzwerke. So erlaubt die sog. ADSL-Technologie bereits heute die Übertragung ganzer Spielfilme über das herkömmliche Telefonnetz auf den heimischen Computermonitor. Umgekehrt ist es möglich, Telefongespräche und Internet-Anwendungen über das Breitbandkabelnetz abzuwickeln. Für den Nutzer der Neuen Medien könnten damit Telefon, Fernseher und PC schon bald zu einem einheitlichen Multimedia-Terminal verschmelzen, das alle genannten Kommunikationsformen in sich vereint. Mit dem

---

* Schwerpunktmäßig bearbeitet von *Prof. Dr. Bernd Holznagel, LL.M.*

Web-TV, bei dem über ein herkömmliches Fernsehgerät Internet-Inhalte abgerufen werden können, ist bereits der erste Schritt in diese Richtung getan.

Die Digitalisierung erlaubt es also, mit multifunktionalen Terminals auf multimediale Netzwerke zuzugreifen. Dieser technische Prozeß der Integration verschiedener, bislang getrennter Kommunikationsformen zu einem einheitlichen Bereich „Multimedia" wird mit dem Begriff der *Konvergenz* bezeichnet. Der schon erkennbare Trend zur Konvergenz wird sich noch erheblich beschleunigen, wenn sich die EU – wie die USA[67] – zu einem Analog-Switch-Off im Jahre 2006 entscheidet. Es ist damit zu rechnen, daß dann ca. 50 Prozent des Frequenzspektrums für neue Multimedianutzungen frei werden.

### 2.1.2 Bedeutung für die bestehende Medienordnung

Dem technischen Phänomen der Konvergenz steht die wachsende Aufsplitterung der Rechtsordnung in eine Vielzahl verschiedener „Mediengesetze" gegenüber. So gelten bspw. für Fernseh- und Hörfunkprogramme der Rundfunkstaatsvertrag (RStV) und die Landesmediengesetze der Länder, für Telefon- und andere TK-Dienstleistungen das Telekommunikationsgesetz des Bundes (TKG) und für die Printmedien die Landespressegesetze. Im Online-Bereich findet zudem das neugeschaffene Informations- und Kommunikationsdienstegesetz (IuKDG) des Bundes für insbesondere die sog. Teledienste Anwendung, während die sog. Mediendienste dem ebenfalls neuen Mediendienstestaatsvertrag der Länder (MDStV) unterfallen.[68] Ausgangspunkt für diese Differenzierung ist die verfassungsrechtliche Vorgabe, wonach der Bund die Regelungskompetenz für die Telekommunikation besitzt, die Länder dagegen für Rundfunk und Presse zuständig sind (s.u. Kap. 3). Diese Kompetenzaufteilung zwischen Bund und Ländern führt zudem zu einer Zersplitterung im Bereich der Aufsichtsinstanzen; also Medienanstalten der Länder für den Rundfunkbereich, unterschiedliche Aufsichtsbehörden der Länder gem. § 18 MDStV und die seit 1. Januar 1998 installierte Regulierungsbehörde des Bundes für den Telekommunikationssektor.

Dieses ausdifferenzierte System medialer Teilordnungen und Aufsichtsinstanzen erscheint umso unübersichtlicher und unpraktikabler, je stärker die einzelnen Medien in technischer und wirtschaftlicher Hinsicht konvergieren. Daher besteht mittlerweile Einigkeit darüber, daß nur eine tiefgreifende strukturelle Reform des Medienrechts das immer deutlicher werdende Span-

---

67    Zu den Entwicklungen in den USA jüngst G. Bender, Regulierungskonzepte zum digitalen Fernsehen in den USA, ZUM 1998, 38 (44 ff.).

68    MDStV, GVBl. NRW Nr. 24 v. 28.06.1997, 158 ff; IuKDG BGBl. I 1997, S. 1870; vgl. statt vieler S. Engel-Flechsig, Das Informations- und Kommunikationsdienstegesetz des Bundes und der Medienstaatsvertrag der Bundesländer, ZUM 1997, 234 ff.

nungsverhältnis zwischen Lebenswirklichkeit einerseits und rechtlicher Regulierungspraxis andererseits auflösen kann.

Ein schlüssig ausgearbeitetes Konzept für die allseits geforderte „digitale Medienordnung" ist indessen nicht in Sicht. Intensiv werden hingegen die grundlegenden Handlungsoptionen diskutiert. Die Europäische Kommission hat sich in einem Grünbuch vom November 1997[69] eingehend mit den rechtlichen Auswirkungen der Konvergenzentwicklung auseinandergesetzt, ohne eine endgültige Festlegung zu treffen. Das Grünbuch benennt im wesentlichen zwei Handlungsalternativen:[70] Entweder bleiben die vertikalen Regulierungsmodelle für Rundfunk und Telekommunikation – und ggf. auch für die neuen Dienste – im Grundsatz bis auf weiteres bestehen, das geltende Recht wird aber bei Bedarf sukzessive angepaßt und modernisiert (erste Option). Oder es wird sogleich oder zumindest schon bald ein einheitliches Regulierungsmodell eingeführt (zweite Option).

Die zweite Option stößt auf Fürsprecher insbesondere im Lager der DG 13 der Europäischen Kommission, die für die Telekommunikation auf EG-Ebene zuständig ist. Die DG 13 hat bei einer britischen Unternehmensberatung eine Studie in Auftrag gegeben, in der im Kern die Abschaffung des Medienrechts propagiert wird.[71] Das Telekommunikationsrecht soll danach perspektivisch durch das Kartellrecht ersetzt werden. Übertragen auf den hiesigen Rechtskreis stößt das jedoch aus verfassungsrechtlicher Sicht auf Bedenken. Schließlich hält die Rechtsprechung des Bundesverfassungsgerichts zu den Medienfreiheiten den Gesetzgeber an, die rechtlichen Rahmenbedingungen für die verschiedenen Sektoren spezifisch auszugestalten. So fordert das Gericht z.B. für den Hörfunk und das Fernsehen eine „positive Rundfunkordnung" zur Gewährleistung der Meinungsvielfalt.[72] Sollte sich die DG 13 auf EG-Ebene durchsetzen, wird es deshalb vermutlich zu einem schweren Konflikt zwischen dem BVerfG und der EU-Kommission kommen. Möglicherweise stünde dann eine Entscheidung „Solange III" ins Haus.

Um dies zu vermeiden, müßte man die neue einheitliche Medienordnung quasi „am Reißbrett" entwerfen. Nach den traurigen Erfahrungen, die wir mit der Planungseuphorie der 70er Jahre gemacht haben, ist gegenüber diesem Vorgehen eine gewisse Skepsis angebracht. Welche Schwierigkeiten das mit sich brächte, zeigt das vom Vorstand des Verbandes Privater Rundfunk und Telekommunikation (VPRT) vorgelegte Positionspapier „Medienordnung 2000 plus".[73] Auch dort wird im Prinzip der ausschließliche Einsatz des

---

69  Europäische Kommission, Grünbuch zur Konvergenz der Branchen Telekommunikation, Medien und Informationstechnologie und ihren ordnungspolitischen Auswirkungen, KOM (97) 623, 1997.
70  Europäische Kommission (o. Fußn. 69), S. 40 ff.
71  KPMG, Public Policy Issues Arising from Telecommunications and Audiovisual Convergence, 1996.
72  Vgl. BVerfGE 73, 118 (152 f.); 83, 238 (296); 90, 60 (88).
73  Verband Privater Rundfunk und Telekommunikation (VPRT), Rahmenkonzept für eine Medienordnung 2000 plus, 1997.

Kartellrechts zur Regulierung propagiert. Zugleich werden aber diverse Regulierungsziele genannt und gerechtfertigt, die durch medienspezifische Sonderregelungen verfolgt werden sollen, so daß sich bei böswilliger Interpretation das gesamte bestehende Rundfunkrecht in der „Medienordnung 2000 plus" wieder unterbringen ließe.

Vor dem Hintergrund dieser Schwierigkeiten ist es als positiv zu beurteilen, daß sich Bund und Länder mit der Verabschiedung von MDStV und TDG dafür entschieden haben – getreu der zuerst genannten Option – das bestehende System medialer Teilordnungen zunächst einmal aufrecht zu erhalten, es gleichwohl aber behutsam weiterzuentwickeln. Denn in den Begründungen der Gesetze ist ausdrücklich klargestellt, daß alsbald mit weiteren Anpassungen zu rechnen sei.

Die Vereinheitlichung der Rechtsordnung im Hinblick auf materielle und prozedurale Regelungskonzepte ist nur in dem Maß, in dem es tatsächlich zu einer Vereinheitlichung der Lebenssachverhalte kommt, sinnvoll, dort aber auch vermutlich faktisch unvermeidbar. Nimmt man das Grünbuch Konvergenz als Ausgangspunkt, zeigt die Debatte über das Zusammenwachsen der Plattformen allerdings auch Ungenauigkeiten und – sei es euphorie- oder interessengeleitet – unbelegte Unterstellungen. Als problematisch erweist sich besonders, daß das Grünbuch an verschiedenen Stellen unterstellt, daß die technische bzw. Angebots-Konvergenz auch zu einer Konvergenz der Nutzung führen wird oder schon geführt hat. Hier zeigt sich ein blinder Fleck des Grünbuchs: Der Rezipient taucht mit seinem Interesse als Kunde, mit seinem Schutzbedarf als Verbraucher oder Minderjähriger auf, nicht aber – wie im deutschen Verfassungsrecht zentral – in seiner Rolle als Bürger und Mitglied einer auch kulturell vermittelten Gesellschaft. Begriffe wie „Vielfalt", „Kultur" und „politische Kommunikation" finden sich im Grünbuch dort, wo es um die Stellung öffentlich-rechtlichen Rundfunks geht, für private Medienangebote wird diese Dimension ausgeblendet.[74]

Wie kann also die Weiterentwicklung in Zeiten der Konvergenz aussehen? In der Praxis sind die Konvergenzprozesse derzeit im Internet und beim Digitalen Fernsehen am weitesten fortgeschritten. Während wir noch vor einem Jahr damit rechneten, die gesamte neue Medienwelt würde sich ins Internet verlagern, scheint es jetzt so, als würden die neuen Dienste in erster Linie den Fernsehbildschirm erobern. Nach den jüngsten Plänen von British Telecom und der Murdoch-Gruppe soll der Fernseher mittels der Set-Top-Box zum Minicomputer ausgebaut werden, über den man problemlos Electronic Commerce, Homeshopping und Homebanking abwickeln kann. Zudem ließen sich auf diesem Wege die teuren europäischen Telefongebühren einsparen, die beim Surfen im Internet derzeit anfallen.

---

74  Vgl. W. Schulz, Konvergierende Technik - divergierende Interessen - Konvergenzgleichung im EU-Grünbuch nicht schlüssig, tendenz II/1998, 12 f.

## 2.1.2.1 Überblick über die potentiellen Zugangshindernisse

Die oben bereits angesprochenen neuen Dienstleistungen Digitalen Fernsehens sollen hier noch einmal mit Blick auf die rechtlichen Regelungskonzepte näher beschrieben werden.

Ein analoges Fernsehprogramm legt einen relativ kurzen Weg zurück, bevor es vom Studio des Veranstalters auf den Bildschirm des Zuschauers gelangt. Es wird zunächst in analoger Form produziert, dann direkt vom Veranstalter ausgestrahlt und schließlich vom Endgerät des Rezipienten bzw. von einer Kabel- oder Satellitenkopfstation unmittelbar empfangen.

Beim Digitalen Fernsehen wird die Dienstleistungskette vom Veranstalter zum Rezipienten deutlich länger. Denn zunächst muß der Programminhalt in eine digitale Sendeform gebracht werden. Das geschieht im sog. Multiplexverfahren, auf das im folgenden noch näher eingegangen wird. Die deutlich effizientere Frequenzausnutzung führt außerdem dazu, daß der Zuschauer beim Digitalfernsehen mit einem deutlich größeren Programmspektrum konfrontiert wird. Das weckt bei ihm ein gesteigertes Orientierungsbedürfnis. Weil mit herkömmlichen Bedieninstrumenten und der begleitenden Information durch Fernsehzeitschriften kein Nutzer eine solche Programmfülle mehr überschauen und informiert eine Auswahl treffen kann, sind beim Digitalen Fernsehen elektronische Programmführer erforderlich, die sog. Navigationssysteme. Schließlich ermöglicht die digitale Fernsehtechnik aber auch das vermehrte Angebot von Pay-TV, das auf einer Einzelabrechnung pro gesehenem Programm oder Einzelbeitrag beruht. Die Vermarktungsformen reichen dabei vom herkömmlichen Abo-Fernsehen über Pay-per-view bis hin zu Video-on-demand. Allen Pay-TV-Formen ist jedoch gemeinsam, daß der Zuschauer ein Angebot immer erst dann empfangen kann, wenn er vom Anbieter hierzu berechtigt wird. Digitales Pay-TV arbeitet deshalb mit einer besonderen Verschlüsselungstechnik, die man als Conditional Access bezeichnet.

**Abb. 1: Die Gatekeeper im digitalen Rundfunksystem**

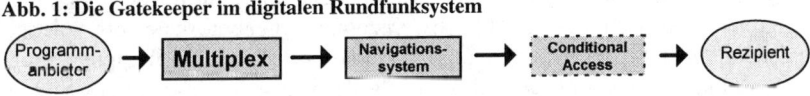

Diese drei technischen Aspekte des Digitalen Fernsehens (Multiplexing, Navigationssystem und Conditional Access) verbindet in rechtlicher Hinsicht ein zentrales Problem.[75] Denn derjenige, der hierüber allein verfügt, kann letztlich auch bestimmen, welches Programmangebot die von ihm besetzte

---

75  Vgl. C. E. Eberle, Digitale Rundfunkfreiheit: Rundfunk zwischen Couch-Viewing und Online-Nutzung, CR 1996, 193 (195); B. Holznagel, Rundfunkrecht in Europa, Tübingen 1996, 363 ff.

Position auf dem Weg vom Veranstalter zum Rezipienten passieren darf – und welches nicht. So entscheidet der Multiplexbetreiber darüber, welche Programminhalte er in eine digitale Sendeform transformiert und dadurch für das Digitale Fernsehen überhaupt erst nutzbar macht. Der Anbieter des Navigationssystems bestimmt, welche dieser Programmangebote er in seinen Navigator aufnimmt, so daß sie der Rezipient aus der Fülle der digitalen Fernsehsender auswählen kann. Und schließlich steuert der Inhaber des Conditional Access, welches Pay-TV-Programm der Zuschauer entschlüsseln und sehen kann.

Vor diesem Hintergrund wird deutlich, daß die Bereiche Multiplexing, Navigationssystem und Conditional Access ein erhebliches Gefährdungspotential bergen. Denn aufgrund ihrer besonderen Entscheidungskompetenzen können ihre Inhaber sowohl den publizistischen als auch den ökonomischen Wettbewerb auf dem digitalen Fernsehmarkt nachhaltig beeinflussen. Vornehmliches Ziel aller Regelungsversuche im Bereich des Digitalen Fernsehens muß es deshalb sein, die geschilderte Problematik der „Gatekeeper" oder „Flaschenhälse" durch die rechtliche Gewährleistung eines offenen Zugangs zu diesen Techniken zu überwinden. Denn nur wenn diese Schlüsselpositionen einer Vielzahl von Anbietern offenstehen, kann beim Digitalen Fernsehen den Geboten der Meinungsvielfalt und des chancengleichen Wettbewerbs Folge geleistet werden.

Die verschiedenen Gatekeeper werden nun im einzelnen beschrieben und die derzeitige Regelungslage und ihre Probleme dargestellt.

### 2.1.3 Multiplexing

#### 2.1.3.1 Funktionsweise und Problemstellung

Das Multiplexing findet im sog. Play-Out-Center statt. Hier werden die einzelnen Inhalte digitalisiert und zu einem einheitlichen Transportdatenstrom gebündelt, dem sog. Datencontainer oder Multiplex. Bei der Übermittlung an den Rezipienten benötigt man dann pro Datencontainer nur jeweils eine Sendefrequenz. Je nach Bildqualität der einzelnen Angebote kann ein solcher Datencontainer bis zu acht Einzelprogramme enthalten. Der Rezipient muß das empfangene Multiplexsignal allerdings zunächst in ein analoges Signal zurückverwandeln, um es auf einem herkömmlichen Fernsehgerät sichtbar zu machen. Dafür braucht er eine Set-Top-Box, in die ein entsprechender Konverter integriert ist.[76]

---

76  Zum Multiplexing etwa K. Schrape, Digitales Fernsehen, München 1995, 11 ff.; Ch. Wagner, Rechtsfragen digitalen Kabelfernsehens, Berlin 1996, 14.

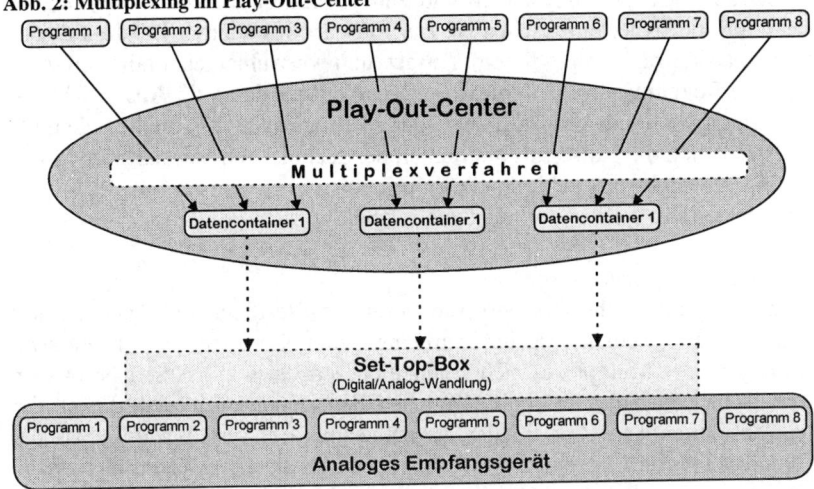

Abb. 2: Multiplexing im Play-Out-Center

Jeder Programmhersteller ist also auf den Zugang zu einem Multiplex ange-
wiesen, wenn er seine Inhalte im Digitalfernsehen verbreiten will. Besitzt er
die notwendigen technischen Anlagen, ergeben sich demgemäß keine Zugangsprobleme. Zu solchen kann es dagegen kommen, wenn ein Veranstalter
seine Sendesignale an die Sendeplattform eines Dritten heranführen möchte,
dieser dort aber primär seine eigenen Inhalte aufbereiten will.

Es stellt sich deshalb die Frage, ob ein Multiplexbetreiber durch „Must-
Carry-Rules" und andere Regelungen gesetzlich verpflichtet werden sollte,
bei der Verteilung der im Datencontainer verfügbaren Kapazitäten zumindest
in einem bestimmten Umfang auch die Angebote Dritter zu berücksichtigen.[77] Denn ohne eine solche Verpflichtung wird dieser zwangsläufig zum
Gatekeeper, weil dann er allein entscheidet, welche Fernsehinhalte im Digitalfernsehen verwertet werden und welche nicht. Zudem könnte er durch die
Festsetzung der Entgelte, diskriminierende Zugängshürden errichten.

### 2.1.3.2 Derzeitige Regelungsansätze

#### 2.1.3.2.1 Rundfunkstaatsvertrag

Der Rundfunkstaatsvertrag von 1996[78] enthält zu diesen Fragen keine Regelungen. Ohnehin bezieht sich das Gesetzeswerk nur mit einer einzigen Norm
auf das digitale Fernsehen, nämlich in § 53. Dieser jedoch hat nur Regelun-

---

77 Vgl. etwa H. Hege, Offene Wege in die digitale Zukunft, Berlin 1995, 40 ff.; Kuch, Digitale Zukunftstechniken und ordnungspolitischer Regelungsbedarf, in: DLM (Hrsg.), Jahrbuch der Landesmedienanstalten 1993/94, Berlin 1994, 45 (50 f.); W. D. Ring, Rundfunk im Umbruch, ZUM 1996, 448 (450).

78 Abgedruckt bei H. G. Bauer/S. Ory, Recht in Hörfunk und Fernsehen, Stand März 1997, Nr. 4.1.

gen zu den Navigationssystemen und zum Conditional Access zum Gegenstand, auf die später einzugehen ist. Der Entwurf des Vierten Rundfunkänderungsstaatsvertrags folgt diesem Ansatz und verzichtet ebenfalls auf eine explizite Regelung des Multiplexing. Der Wortlaut des § 53 Abs. 3 RStV – Programmbündelung zum „Zwecke der Vermarktung" – spricht jedenfalls dafür, daß sich die Vorschrift auf den bloßen technischen Vorgang des Multiplexing gar nicht erstreckt, sondern diese ausschließlich die inhaltliche Zusammenstellung der Programmpakete erfaßt[79].

### 2.1.3.2.2 Nordrhein-Westfalen

Anders sieht die Rechtslage jedoch in Nordrhein-Westfalen aus. Auch die dort einschlägige 1. Medienversuchsverordnung[80] vom November 1996 nennt zwar den Begriff des Multiplexes nicht. Sie spricht jedoch in § 3 Abs. 1 Nr. 4 vom „technischen Dienstleister" beim Digitalen Fernsehen. Dazu zählt gemäß der Legaldefinition in § 3 Abs. 2 jeder, der ein technisches System betreibt, das der Übermittlung von Angeboten im Rahmen des Digitalen Fernsehens dient. Weil der Betreiber des Play-Out-Centers mittels des Multiplexverfahrens aber genau dies leistet, ist er ein technischer Dienstleister im Sinne der 1. MVVO.

Eine rundfunkrechtliche Zulassung braucht er in Nordrhein-Westfalen allerdings nicht. Vielmehr genügt es, wenn er die Aufnahme seiner Tätigkeit der LfR anzeigt. Mit dieser Anzeigepflicht ist nach § 6 Abs. 2 Nr. 1 und 2 MVVO jedoch zweierlei verbunden: Einmal darf der Multiplexbetreiber nur an der digitalen Verbreitung von Programmen mitwirken, die ihrerseits rundfunkrechtlich zugelassen sind. Zum anderen muß er alle Angebote gleich behandeln. Ausdrücklich ist hierzu festgehalten, daß er seine Dienstleistungen allen Teilnehmern des Pilotprojekts zu chancengleichen und diskriminierungsfreien Bedingungen anzubieten hat. In Nordrhein-Westfalen ist damit ein offener Zugang zum Multiplexing gewährt.

Dennoch gibt es auch in Nordrhein-Westfalen Regelungslücken. Zum Beispiel erlaubt die digitale Technik, im Wege des Multiplexverfahrens nicht nur Rundfunkdienste zu übertragen, sondern innerhalb eines Datencontainers z.B. auch Computersoftware zu übermitteln. Kompetenzmäßig ist die LfR jedoch nur für die Beaufsichtigung von Rundfunk zuständig. Damit stellt sich die Frage, wie die Überwachung solcher rundfunkfremder digitaler Dienste in Nordrhein-Westfalen erfolgen soll. Über dieses Detail hinaus erscheint es aber ohnehin unklar, welche Sanktionsmöglichkeiten der LfR zur Seite stehen, falls ein Multiplexbetreiber sich pflichtwidrig verhält. Denn da dieser nur anzeige-, nicht aber genehmigungspflichtig ist, scheitern zumindest die klassischen Sanktionsmöglichkeiten wie etwa ein Lizenzentzug.

---

79  So wohl im Ergebnis auch H. Gersdorf, Chancengleicher Zugang zum digitalen Fernsehen, 1998, 159 ff.
80  Abgedruckt bei H. G. Bauer/S. Ory a.a.O., Nr. 7.10.4.1.

### 2.1.3.2.3 Bayern

Die Bayerische Landeszentrale für Neue Medien (BLM) hat im Juli 1996 einen öffentlich-rechtlichen Vertrag mit der DF 1-GmbH über die Veranstaltung von DF 1 als Pilotprojekt geschlossen.[81] Auch dieses Vertragswerk beinhaltet ein Zugangsrecht für Dritte zum DF 1-eigenen Play-Out-Center in München-Unterföhring. Anders als in Nordrhein-Westfalen ist in Bayern jedoch nicht die Landesmedienanstalt für die Zusammenstellung der einzelnen Programmpakete zuständig, sondern DF 1 selbst, auch wenn in gewissem Umfang Must-Carry-Rules in den Vertrag eingegangen sind. Grundsätzlich stellt sich auch hier die Frage nach der Tauglichkeit dieser Vorschriften im Lichte der geschilderten Gatekeeper-Problematik.

Viel interessanter ist dagegen die Kooperationsvereinbarung von Kirch und Bertelsmann. Zwar hat dies durch das Verbot des Zusammenschlusses durch die EU-Kommission praktisch an Bedeutung verloren.[82] Als Typ möglicher Vereinbarungen bleibt es aber interessant. Bekannt geworden ist hierüber ein undatiertes Papier, das am 2. August 1997 in epd veröffentlicht wurde.[83] Zum Multiplexing heißt es darin, daß die Dienstleistungen des Play-Out-Centers auch künftig von der bisherigen DF 1-Dienstleistungstochter BetaResearch erbracht werden sollen, an der sich die CLT/Ufa allerdings paritätisch beteiligen wird. Gleichzeitig wurde jedoch vereinbart, daß die Deutsche Telekom AG in ihren Kabelnetzen eine „programmanbieterneutrale technische Plattform" betreiben wird, ohne allerdings selbst zum Contentprovider zu werden. Zu dieser Plattform sollen sodann alle Anbieter digitaler Programme zu gleichen Bedingungen Zugang erhalten.

Vor diesem Hintergrund stellt sich vor allem die Frage, in wessen Händen das Multiplexing nun wirklich liegen soll. Denn auch bei der digitalen Plattform der Telekom wird es sich letztlich um ein Play-Out-Center handeln, auch wenn an dieses aus Sicht der Telekom nur anbieterfremde Programme herangeführt werden. In die sensible Funktion des Multiplexers wird die Telekom gleichwohl geraten. Entgegen seinem Wortlaut bestätigt diese Einschätzung letztlich sogar das Kooperationspapier selbst. Denn die darin enthaltene grafische Aufbereitung der zukünftigen Aufgabenverteilungen sieht das Multiplexing nicht nur bei der BetaResearch, sondern auch als „technologische Funktion" der Deutschen Telekom AG vor.

### 2.1.3.2.4 Exkurs: Großbritannien

In der Bundesrepublik kann damit die Frage des offenen Zugangs zum Multiplexing sowohl in rechtlicher als auch in tatsächlicher Hinsicht als noch

---

81  Der Volltext der Vereinbarung wurde bedauerlicherweise bislang nicht veröffentlicht; eine Zusammenfassung des Vertragsinhalts findet sich in epd/medien Nr. 14 vom 26. Februar 1997, 25 ff.

82  Vgl. AfP 1998, S. 296 f.

83  Siehe epd/medien Nr. 59 vom 2. August 1997, 26 ff.

weitgehend ungeklärt angesehen werden. Anders dagegen die Rechtslage in Großbritannien, wo diesbezüglich mit dem neuen Rundfunkgesetz von 1996[84] ein völlig anderer Weg beschritten wurde. Denn dort hat man es nicht wie etwa in Nordrhein-Westfalen bei einer reinen Anzeigepflicht für die Betreiber eines Play-Out-Centers belassen. Sie benötigen nach britischem Recht vielmehr eine rundfunkrechtliche Genehmigung. Auf dieser Grundlage muß der Multiplexbetreiber dann bedeutend strengere Lizenzauflagen erfüllen und Verhaltenspflichten beachten als etwa ein analoger kommerzieller Rundfunkveranstalter oder ein Anbieter eines digitalen Einzelprogramms.[85]

Die britischen Multiplexlizenzen werden nach Vielfaltsaspekten vergeben. Entscheidend ist danach, welches Angebotsspektrum ein Bewerber mit seinen Einzelprogrammen abdecken kann. Die aus deutscher Sicht wohl bedeutsamste Lizenzauflage dürfte in den Must-Carry-Rules zugunsten der sog. Public-Service-Anbieter bestehen. Zu diesen zählen in Großbritannien zum einen die beiden Programme der BBC, zum anderen aber auch die kommerzielle ITV-Kette, der Minderheiten- und Kulturkanal Channel 4 und der seit Anfang 1997 sendende private Channel 5. Nach dem Broadcasting Act von 1996 haben sie allesamt einen Anspruch auf jeweils einen halben Multiplex. Diese Kapazitäten muß ihnen der Multiplexlizenznehmer einräumen. Gegenüber allen weiteren Veranstaltern ist er verpflichtet, den Zugang zum Multiplexing zu angemessenen, chancengleichen und nichtdiskriminierenden Bedingungen zu gewähren. Verstößt ein britischer Multiplexbetreiber gegen seine Lizenzauflagen, kann die Independent Television Commission ihm ein Bußgeld auferlegen, seine auf 12 Jahre erteilte Lizenz zeitlich verkürzen oder sie ihm bei einem entsprechend schwerwiegenden Verstoß sogar entziehen.

Der Gatekeeper-Problematik begegnet dieser britische Ansatz in mehrfacher Hinsicht. Schon durch die Vergabe der Multiplexlizenzen anhand von Vielfaltskriterien wurden Möglichkeiten geschaffen, auf ein ausgewogenes Meinungsspektrum beim Digitalen Fernsehen hinzuwirken. Denn es werden nur diejenigen Bewerber das Ausschreibungsverfahren bestehen, die ein möglichst breites Spektrum an Meinungen durch ihre Einzelangebote abdecken können. Weiterhin fallen die Must-Carry-Rules ins Gewicht. So wird in Großbritannien verhindert, daß der Start des Digitalen Fernsehens von Anfang an ohne die etablierten landesweiten Fernsehveranstalter erfolgt, die sich zumeist über Jahrzehnte die Anerkennung der Zuschauer verdient haben. Insgesamt ist bei der Betrachtung der britischen Regeln zu beachten, daß Digitales Fernsehen dort terrestrisch verbreitet werden soll. In der Bundesrepublik wurden – von Ausnahmen abgesehen – erst Anfang 1998 intensive Bemühungen um die terrestrische Verbreitung Digitalen Fernsehens gestar-

---

84    Broadcasting Act 1996, Chapter 55, im Internet erhältlich unter http://www.hmso.gov.uk/acts/acts1996/.
85    B. Holznagel/A. Grünwald, ZUM 1997, 417.

tet.[86] Mittlerweile entstehen bereits zahlreiche Modellversuche, um das Potential von DVB-T auszuloten.

### 2.1.3.2.5 Fazit und Perspektive

Angesichts der zentralen Bedeutung, die dem Multiplexing für die Verbreitung des Digitalen Fernsehen zukommt, stellt sich die Frage, mit welchen Mitteln die erforderliche Offenheit hergestellt werden kann. Die Reichweite der kartellrechtlichen Instrumente ist insoweit begrenzt. So dürfte das Kartellrecht kaum dazu geeignet sein, Schlechterbehandlungen Dritter bei der Zugangsgewährung und bei der Preissetzung zu verhindern (siehe dazu näher Kap. 3).[87]

### 2.1.4 Navigationssysteme

### 2.1.4.1 Funktionsweise und Problemstellung

Das Navigationssystem ist die Programmzeitschrift des Digitalen Fernsehens. Sein Betreiber sammelt zunächst die zugrundeliegenden Programmdaten der berücksichtigten Fernsehangebote, also etwa Ablaufpläne oder redaktionelle Hintergrundinformationen. Diese werden dann als Teil des „gemultiplexten" Datencontainers an die Set-Top-Box der Rezipienten übermittelt. Mittels einer besonderen Empfangssoftware wird das Navigationsangebot schließlich auf dem Fernsehschirm des Zuschauers in Form eines Menüs dargestellt, wie es aus dem Computerbereich von graphischen Benutzeroberflächen bekannt ist. Der Nutzer kann sich dann durch die Anwahl eines Menüpunkts unmittelbar in ein Fernsehprogramm seiner Wahl einblenden. Angesichts von etwa 200 digitalen Kanälen wird er sich dabei an bestimmten thematisch sortierten Gruppen orientieren, wie etwa „Historienfilme", „Soap Operas" oder „Dokumentationen".[88]

---

86  Siehe aber Verband Privater Rundfunk und Telekommunikation e.V. (VPRT), Digitales terrestrisches Fernsehen DVB-T, Bonn 1996.

87  Hierzu ausführlich Klimisch/Lange, Zugang zu Netzen und anderen wesentlichen Einrichtungen als Bestandteil der kartellrechtlichen Mißbrauchsaufsicht, Arbeitsunterlage für die Sitzung des Arbeitskreises Kartellrecht am 9. und 10. Oktober 1997, Berlin, S. 20 ff.

88  Zur Funktionsweise der Navigationssysteme etwa H. Hege a.a.O., 39 f.; Holznagel, Probleme der Rundfunkregulierung im Multimedia-Zeitalter, ZUM 1996, 16 (24); Libertus, Grundversorgungsauftrag und elektronische Benutzerführungssysteme, ZUM 1996, 394 (395); A. Weiss/D. Wood, Was elektronische Programmführer leisten sollen, MMR 1998, 239 ff.

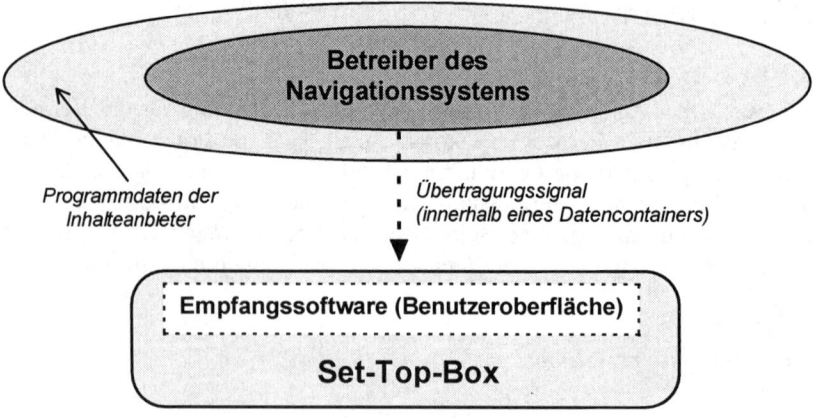

Es sind für die Regelungsoptionen unterschiedliche Typen von Navigatoren und Navigatorinformationen zu unterscheiden.[89] Zunächst existiert bei jeder Set-Top-Box ein Basis-Navigator, der standardmäßig für die Programmauswahl zuständig ist, wenn der Nutzer keinen speziellen Navigator gewählt hat. Ob der Nutzer die Möglichkeit hat, anstelle des Basis-Navigators den eines dritten Anbieters zu verwenden, hängt davon ab, ob eine völlig offene API-Schnittstelle in der Box existiert. Im Bereich der Frage, welche Programminformationen durch den Navigator zur Verfügung gestellt werden, sind wiederum zwei Typen zu unterscheiden: So transportiert jedes Programm im DVB-Standard sogenannte SI-Informationen mit, die Basisinformationen über die Programme enthalten. Diese kann der Navigator darstellen und zur Steuerung nutzen. Darüber hinaus ist es möglich, auf eigenen Kanälen (Breitband oder schmalbandig) weitere Informationen zur Verfügung zu stellen, um einzelne Programme oder ganze Programmbouquets zu strukturieren und zu illustrieren. Ob letzteres möglich ist, hängt ebenfalls von der API-Schnittstelle der verwendeten Set-Top-Box ab. Für die Regulierung kann an die unterschiedlichen denkbaren Anbieter von Navigatoren angeknüpft werden (s.u. 3.3.5).

Vor diesem Hintergrund wird schnell deutlich, wo im Bereich der Navigationssysteme die zu überwindenden Zugangsprobleme liegen. Denn genau wie beim Multiplexing wird ein Anbieter eines Navigationssystems bestrebt sein, den Nutzern vorwiegend seine selbstproduzierten Programme anzubieten. Im Extremfall kann das dazu führen, daß bestimmte Angebote in die Programmlisten des Navigationssystems überhaupt nicht aufgenommen werden, so daß sie vom Rezipienten gänzlich unbeachtet bleiben. Für die betrof-

---

89    Gersdorf (Fn.79), S. 161 f.

fenen Veranstalter bedeutete eine solche Situation das wirtschaftliche Aus, und aus einer Häufung solcher Fälle würden sich für die Meinungsvielfalt untragbare Konsequenzen ergeben. Darüber hinaus kann ein Anbieter seine eigenen Programme aber auch gezielt auf den vorderen Listenplätzen des Navigationssystems plazieren, oder er hebt sie durch eine besondere optische Gestaltung (Farbe, Schriftgröße) aus seinem sonstigen Angebotsspektrum heraus. Insgesamt sind die Navigationssysteme also deshalb besonders gefährlich, weil sie nicht nur Orientierungshilfe für den Zuschauer sind, sondern zugleich auch Marketinginstrument für den jeweiligen Veranstalter.

## 2.1.4.2 Derzeitige Regelungsansätze

### 2.1.4.2.1 Bundesrepublik Deutschland

§ 53 Abs. 2 des geltenden Rundfunkstaatsvertrags bestimmt, daß die Betreiber eines Basis-Navigationssystems alle Rundfunkangebote zu chancengleichen, angemessenen und nichtdiskriminierenden Bedingungen in ihr Senderverzeichnis aufnehmen müssen. Eine weitergehende Ausgestaltung des freien Zugangs enthält der Rundfunkstaatsvertrag dagegen nicht. Allerdings ist festgelegt, daß die Anbieter von Basis-Navigationssystemen gegenüber der zuständigen Landesmedienanstalt anzeigepflichtig sind.

In Nordrhein-Westfalen ist man bei der Frage der Navigationssysteme über den Rundfunkstaatsvertrag hinausgegangen. Hier sind die Anbieter von Navigationssystemen nicht anzeige-, sondern vielmehr nach § 5 Abs. 3 MVVO zulassungspflichtig. Mit der Zulassung sind zwei Verhaltenspflichten verbunden. Zum einen müssen alle Angebote im Navigationssystem unter Wahrung des Gleichbehandlungsgrundsatzes dargestellt werden, wofür eine gleichgewichtige, gleichrangige und gleichdifferenzierte Darstellung erforderlich ist. Besondere optische Hervorhebungen einzelner Angebote sind damit unzulässig. Zum zweiten ist bei der Gestaltung des Navigationssystems der öffentlich-rechtliche Grundversorgungsauftrag zu beachten. Jedenfalls für die Programme von ARD und ZDF besteht damit in Nordrhein-Westfalen eine Zugangsberechtigung zu jedem Navigationssystem.

Eine solche gesonderte Zulassungspflicht für Navigatoren sieht der öffentlich-rechtliche Vertrag aus Bayern nicht vor. Auch hier war jedoch festgelegt worden, daß DF 1 sein Navigationssystem so gestalten muß, daß alle digitalen Angebote dem Nutzer gleichrangig dargestellt werden. Interessanter als diese vertragliche Offenheitsverpflichtung ist infolge der aktuellen Entwicklung jedoch auch in diesem Zusammenhang das Papier von Bertelsmann und Kirch zur inzwischen von der EU verbotenen Kooperation. Zur Frage der Navigationssysteme heißt es darin jedoch nur, daß künftig die Deutsche Telekom AG eine programmanbieterneutrale elektronische Benutzerführung im Kabel anbieten wird. Das stimmt auf den ersten Blick bedenklich. Handelt es sich bei einem solchen Angebot nicht um die grafisch aufbereitete Verbreitung von Informationen und mithin um eine „Darbietung" programmbezogener Informationen im Sinne des Rundfunkbegriffs? Ein Tätigwerden der teilweise im Staatseigentum befindlichen Telekom als Rundfunkveranstalterin dürfte mit dem verfassungsrechtlichen Gebot der Staatsferne des Rundfunks schwerlich vereinbar sein. Indes ist die redaktionelle Gestaltung einer echten „elektronischen Programmzeitschrift" durch die Telekom nicht intendiert. Vielmehr sollen von der Leitseite eines Telecom-Basis-Navigators, zu dem der Vertrag den diskriminierungsfreien Zugang verspricht, die individuellen Navigationssysteme der einzelnen Anbieter abzweigen. Die Programmanbieter können ihr Angebot individuell aufbereiten und vermittels eines Software-Interfaces (API) an den Basis-Navigator ankoppeln und dem Zuschauer präsentieren.

### 2.1.4.2.2 Exkurs: Großbritannien

In Großbritannien sind durch den Broadcasting Act von 1996 neben den Multiplexbetreibern auch die Anbieter von Navigationssystemen als Rundfunkdienste lizenzpflichtig geworden. Die ITC hat hierzu einen eigenen Kodex beschlossen, nach dessen Maßgabe sie diese Lizenzen beaufsichtigen will.[90] Danach ist der Betreiber eines Navigationssystems insbesondere verpflichtet, Free-TV-Programme und Pay-TV-Angebote innerhalb des Navigationssystems gleich zu behandeln. Dadurch ist vor allem die Gefahr einer Diskriminierung der Public-Service-Sender zugunsten des Bezahlfernsehens gebannt. Außerdem darf ein Anbieter eines Navigationssystems seine eigenen Programme gegenüber fremden Angeboten optisch nicht besonders hervorheben. Sollte die Marktentwicklung darüber hinaus nicht nur ein zentrales, veranstalterübergreifendes Navigationssystem hervorbringen, sondern vielmehr eine Anzahl anbieterspezifischer Systeme, dann darf kein Veranstalter einen Betreiber daran hindern, seine zugrundeliegenden Programmdaten zur gleichen Zeit mehreren Betreibern zur Verfügung zu stellen. Allgemein besteht schließlich die Pflicht, Verträge über die Aufnahme in ein Navigationssystem nur zu chancengleichen, angemessenen und nichtdiskriminierenden Bedingungen abzuschließen.

Ergänzt wird dieses rundfunkrechtliche Regelungsinstrumentarium in Großbritannien dadurch, daß hinsichtlich der technischen Abwicklung der Navigationssysteme auch der Telekommunikationsaufsichtsbehörde OFTEL eine Regulierungsbefugnis zugestanden wurde. In Erfüllung dieser Aufgabe will OFTEL dabei einerseits auf größtmögliche Neutralität in der optischen

---

90 ITC, ITC Code of Conduct on Electronic Program Guides, June 1997. Seit 7. Januar 1997 sind CA-Systeme einschließlich EPGs auch einer Regulierung der OFTEL unterworfen (The Advanced Television Services Regulation 1996, SI 1996, No 3151).

Darstellung der Navigationssysteme hinwirken. Andererseits soll die optimale Bedienerfreundlichkeit für die Nutzer gewährleistet werden.[91]

### 2.1.4.2.3 Fazit und Perspektive

Man wird daher auch in der Bundesrepublik nicht umhin kommen, im Bereich der Navigationssysteme medienspezifische Sonderrechte für die meinungsbildungsrelevanten Rundfunk- und Mediendienste zu etablieren. Dabei ist es von besonderer Bedeutung, daß die API-Schnittstellen aufgedeckt werden. Dies ist erforderlich, damit unabhängige Navigatoren („echte Programmzeitschriften") von verschiedenen Anbietern auf dem Markt angeboten werden können. Insofern ist es zu begrüßen, daß § 53 Abs. 4 des Entwurfs zum Vierten Rundfunkänderungsstaatsvertrag die Anbieter verpflichtet, die notwendigen technischen Parameter offenzulegen. (Zu den Regelungsvorschlägen s.u. 3.3.5).

### 2.1.5 Conditional Access

#### 2.1.5.1 Funktionsweise und Problemstellung

Der Begriff des Conditional Access bezeichnet zunächst eine besondere Technik, mit der ein digitales Pay-TV-Programm verschlüsselt wird. So kann der Anbieter steuern, welches seiner Programme wann und von wem zu empfangen ist, indem er einen entsprechenden Entschlüsselungscode an die zugangsberechtigten Zuschauer übermittelt. Die eigentliche Freischaltung besorgt dann eine Smart-Card, die zu diesem Zweck von den Rezipienten in die Set-Top-Box geschoben wird. Zum Conditional Access zählen jedoch nicht nur das rein technische Verschlüsselungsverfahren und die Freischaltung der Smart-Cards. Zumindest nach der englischen Terminologie werden hierunter vielmehr auch die administrativen Dienstleistungen beim Pay-TV gefaßt, also etwa die Entgegennahme und Bearbeitung von Abonnement-Wünschen sowie die Verteilung der individuellen Smart-Cards an die Kunden.

Weil jede Form der Pay-TV-Vermarktung ein Conditional-Access-System voraussetzt, liegt es auf der Hand, daß der Inhaber dieser Verschlüsselungstechnik einen erheblichen Wettbewerbsvorsprung gegenüber denjenigen hat, die über dieses technische Know-how nicht verfügen. Angesichts der damit drohenden Gefahren für einen fairen Wettbewerb hat bereits 1995 eine europarechtliche Richtlinie zu den Fragen des Conditional Access Stellung genommen.[92] Darin heißt es, daß die Anbieter von Diensten mit Zugangsberechtigung (also von Conditional-Access-Diensten) allen Rundfunkveranstal-

---

91  Vgl. OFTEL, The Regulation of Conditional Access for Digital Television Services, London 1997, §§ A.115 ff.

92  Richtlinie 95/47/EG des Europäischen Parlaments und des Rates vom 24. Oktober 1995 über die Anwendung von Normen für die Übertragung von Fernsehsignalen, ABl. Nr. L 281 vom 23. November 1995.

tern diese Dienste zu chancengleichen, angemessenen und nichtdiskriminierenden Bedingungen anbieten müssen.

### 2.1.5.2 Derzeitige Regelungsansätze

#### 2.1.5.2.1 Rechtliche Voraussetzungen in der Bundesrepublik

Die Conditional-Access-Richtlinie der EU wurde einerseits durch § 53 des
RStV von 1996 ansatzweise umgesetzt, nämlich einfach im Wortlaut übernommen. Andererseits hat der Bund – um der Umsetzungsverpflichtung in den
verbleibenden Sachbereichen nachzukommen – im Rahmen seiner Kompetenz
für die Telekommunikation im November 1997 das Fernsehsignalübertragungsgesetz (FÜG)[93] mit einer gleichlautenden Regelung in dessen § 7 Abs. 1
verabschiedet. Eine Konkretisierung des damit nur abstrakt formulierten Zu-
gangsrechts findet sich jedoch weder im Landes- noch im Bundesrecht. Zudem
stellt sich bei der praktischen Anwendung die Frage, wie Bundes- und Länder-
zuständigkeiten abzugrenzen und eine einheitliche Rechtsanwendung zu gewährleisten sind. (Zur Frage der Regelungskompetenz Kap. 3.2.)

Kaum aufschlußreicher sind auch die nordrhein-westfälischen Regelungen. § 6 der 1. MVVO greift zwar die Anzeigepflicht für die Betreiber von
Conditional-Access-Systemen als „technische Dienstleister" auf. Als solche
sollen sie auch verpflichtet sein, Rundfunkveranstalter und sonstige Anbieter
digitaler Dienste gleich zu behandeln und ihre Dienstleistungen zu chancengleichen und diskriminierungsfreien Bedingungen anzubieten. Auch in Nordrhein-Westfalen fehlt jedoch eine weitere Ausgestaltung dieses Gleichbe-
handlungsgebots. Der bayerische DF 1-Vertrag schließlich nimmt auf das
von DF 1 verwendete Conditional-Access-System überhaupt keinen unmittelbaren Bezug. Allerdings hat sich die DF 1-GmbH verpflichtet, „im Rahmen des wirtschaftlich Vertretbaren" an der Entwicklung einer Set-Top-Box
mitzuarbeiten, mit der die Nutzer das gesamte digitale Angebot empfangen,
also auch jedes Pay-TV-Programm eines Dritten entschlüsseln können.

#### 2.1.5.2.2 Exkurs: Großbritannien

In Großbritannien wurde die EG-Richtlinie dagegen zum Anlaß genommen,
auch für den Bereich des Conditional Access ein umfangreiches Regelwerk
zu schaffen. Zunächst einmal wurden Conditional-Access-Dienste dort als
Telekommunikationsdienste qualifiziert. Auf der Grundlage einer Rahmen-
genehmigung des Wirtschaftsministers[94] müssen ihre Anbieter jetzt eine Rei-

---

93 Gesetz über die Anwendung von Normen für die Übertragung von Fernsehsignalen vom 14. November
1997, BGBl. I, 2710.
94 Department of Trade and Industry (DTI), Class Licence for the Running of Telecommunications Systems
for the Provision of Conditional Access Services, London 1997.

he von Lizenzauflagen beachten, deren Einhaltung von der Telekommunikationsaufsichtsbehörde OFTEL überwacht wird.

Die wichtigste dieser Lizenzauflagen ist auch hier die gemeinschaftsrechtliche Verpflichtung, daß Conditional-Access-Dienstleistungen zu angemessenen, chancengleichen und nichtdiskriminierenden Bedingungen allgemein anzubieten sind. Darüber hinaus wird OFTEL seiner Aufsichtstätigkeit allerdings eigene Richtlinien[95] zugrunde legen, durch die das abstrakte Gleichbehandlungsgebot eine wesentliche Konkretisierung erfahren hat. Diese Richtlinien enthalten eine Fülle von Verhaltenspflichten für die Conditional-Access-Betreiber. Exemplarisch soll hier jedoch nur eine dieser Pflichten dargestellt werden, die zugleich die Innovationsfähigkeit des britischen Modells besonders gut zum Ausdruck bringt.[96]

**Abb. 4: Conditional Access und Unbundling**

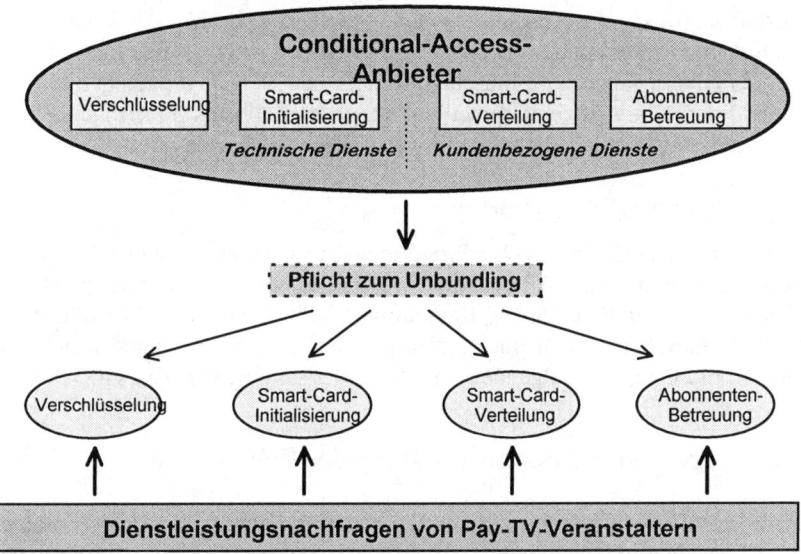

Gemeint ist das Prinzip des sog. Unbundling von Conditional-Access-Dienstleistungen. Danach wird in Großbritannien der Begriff des Conditional Access zunächst strikt als Sammelbegriff für alle technischen und kundenbezogenen Dienstleistungen im Zusammenhang mit Pay-TV verstanden. Nach dem Prinzip des Unbundling ist sodann jeder Conditional-Access-Betreiber

---

95 Siehe zum Nachweis Fußn. 91.
96 Weitergehend insoweit B. Holznagel/A. Grünwald, (Fn. 85).

verpflichtet, diese einzelnen Dienstleistungen auf Wunsch auch separat anzubieten.

Dieser Grundsatz kommt immer dann zur Anwendung, wenn ein Veranstalter zwar die Conditional-Access-Dienstleistungen eines bestimmten Anbieters nutzen will, sie jedoch nicht in ihrer Gesamtheit benötigt. Das wäre zum Beispiel bei einem Veranstalter der Fall, der bereits im analogen Pay-TV-Geschäft tätig ist. Dieser Veranstalter wäre nämlich sicherlich nicht an den abonnentenbezogenen Conditional-Access-Diensten eines Dritten interessiert, sondern würde nur die technische Komponente des Conditional Access nutzen wollen. Eine Abtretung der Abonnenten-Betreuung an einen Dritten hätte für ihn sogar den entscheidenden Nachteil, daß dieser dann Zugang zu den personenbezogenen Abonnentendaten erhalten und diese möglicherweise für eigene Pay-TV-Aktivitäten nutzen könnte. Als Konsequenz daraus würde der Veranstalter möglicherweise von seinem Pay-TV-Vorhaben vollständig Abstand nehmen. Getreu dem Prinzip des Unbundling kann er in Großbritannien jedoch vom Conditional-Access-Betreiber verlangen, daß dieser ihm die gewünschten technischen Dienste separat anbietet. Er entgeht dadurch also einer Knebelung durch eine umfassende Abnahmeverpflichtung hinsichtlich aller Conditional-Access-Dienste des Anbieters.

### 2.1.6 Programmpaketvermarktung

Die Vermarktung von Pay-TV-Programmen in Bündeln (Bouquets), wie sie nach der ökonomische Analyse zu erwarten ist, war bislang noch nicht Gegenstand rundfunkrechtlicher Regulierung. Ob durch diese Dienstleistung Risiken entstehen, denen mit medienspezifischen Regeln entgegen getreten werden muß, wird im folgenden Teil der Untersuchung erörtert (s.u. 3.3.1).

## 2.2 Folgen für die Fortentwicklung der Regelungen

Zusammenfassend ergibt sich, daß für die Belegung der Datencontainer durch den Multiplexer medienspezifische Regelungen fehlen. Insofern besteht eine Ähnlichkeit zur derzeitigen rundfunkpolitischen Diskussion um die Aufteilung der Kapazitäten in Breitbandkabelnetzen.[97] Für Navigationssysteme, die dem Fernsehzuschauer die Programmauswahl erleichtern sollen, erscheinen ebenfalls Sonderregelungen geboten. Beim Conditional Access führt die medienrechtliche Betrachtung hingegen zu ähnlichen Ergebnissen wie die telekommunikations- oder kartellrechtliche Sichtweise. Zentrale Steuerungsaufgabe des Rechts muß es hier sein, für einen fairen und gleichberechtigten Zugang zu den technischen Plattformen zu sorgen. Die einge-

---

97   Hierzu zuletzt A. Bartosch, Die Fernsehkabelnetze aus der Perspektive des Europarechts, CR 1997, 751 ff.

setzten Mittel entstammen (wie z.B. das Entbündelungsgebot oder die Entgeltregulierung) ursprünglich dem Telekommunikationsrecht oder – man denke an die im europäischen und amerikanischen Recht geltende ‚essential facility doctrine" (s.u. Kap. 3.4) – dem Kartellrecht. Sie werden erst in jüngster Zeit zur Sicherung der Meinungsvielfalt ins Rundfunkrecht transportiert.[98]

Kurzgefaßt heißt das: Medien-Sonderrecht bei der Belegung der Datencontainer und bei der publikumswirksamen Präsentation der Programme, Konvergenz auch der Rechtsordnung beim Conditional Access. Allerdings handelt es sich bei dieser Analyse naturgemäß nur um einen kleinen Ausschnitt der Rechtsprobleme, die durch die Konvergenz der Endgeräte und Netze aufgeworfen werden. Die Einführung des Digitalen Fernsehens wirft darüber hinaus weitere Rechtsfragen, z.B. im Bereich der Konzentrationsbegrenzung, des Jugendschutzes, der Werberegulierung oder auch des Gegendarstellungsrechts auf, die an dieser Stelle unerwähnt bleiben mußten.

Verallgemeinernd soll schließlich festgehalten werden: Die Entwicklung hin zur rechtlichen Konvergenz wird bei der Ausgestaltung von Vertrieb und Netzbetrieb nicht aufzuhalten sein. Im anglo-amerikanischen Rechtskreis spricht man insoweit von „Network-Regulation". Ob dazu auf das allgemeine Kartellrecht oder das besondere Verwaltungsrecht zurückgegriffen wird, sollte insoweit keine ideologische Frage sein[99]. Allein entscheidend muß vielmehr die Effektivität und die Effizienz der eingesetzten Mittel sein[100]. Hierüber wird in den nächsten Monaten, insbesondere im Zusammenhang mit der Novellierung des Rundfunkstaatsvertrages, intensiv zu diskutieren sein. In diesem Bereich können jedenfalls Medien-, Telekommunikations- und Kartellrechtler endlich einmal an einem Strang ziehen, um sich Gehör gegenüber wirtschaftlichen Interessen zu verschaffen, die auf wettbewerbswidrige Kartell- und Monopolbildungen abzielen.

Bei der sog. Content-Regulation wird es sich demgegenüber kaum vermeiden lassen, eine Ausdifferenzierung nach Diensten und damit Teilmärkten vorzunehmen. Insofern erscheinen medienspezifische Regelungen, die an die publizistische Relevanz der Angebote anknüpfen, als ein Schritt in die richtige Richtung. Trotz der damit zwangsläufig verbundenen Abgrenzungsprobleme ist es deshalb zu befürworten, daß für Online-Angebote neben dem klassischen Rundfunk und der Telekommunikation eine weitere vertikale Re-

---

98  So geschehen insbesondere durch den britischen Broadcasting Act von 1996, vgl. dazu B. Holznagel/A. Grünwald, ZUM 1997, 417, 422 ff.

99  So offenbar auch R. Weisser, Dienstleistungen zum Vertrieb digitaler Pay TV-Angebote, ZUM 1977, 877 (895).

100  In Großbritannien, das bereits über langjährige Erfahrungen mit der Liberalisierung des Telekommunikationssektors verfügt, läßt sich gegenwärtig ein Trend zu medienspezifischen Regeln feststellen. Vgl. nur Prosser, Law and the Regulators, 1997, S. 268 ff.; *OFTEL*, Beyond the Telephone, the Television and the PC - III, März 1998, im Internet abrufbar unter http.//www.oftel.gov.uk/broadcast/dcms398.htm.

gelungsebene eingeführt worden ist. Die Verabschiedung des Teledienstegesetzes und des Multimediastaatsvertrages erscheinen insoweit richtungsweisend. Die Regulierungspläne von Teilen der EU-Kommission, die eine Vereinheitlichung offenbar aller Regelungsbereiche intendiert, wirken dagegen – jedenfalls mittelfristig gesehen- zu grobschlächtig.

Angesichts der dynamischen Entwicklung auf den Medien- und Telekommunikationsmärkten sollte die rechtliche Rahmensetzung allerdings insgesamt möglichst entwicklungsoffen und lernbereit gestaltet werden. So muß nicht jede rechtliche Vorgabe in Gesetzesform gegossen werden. Von einer exzessiven Auslegung der Wesentlichkeitstheorie in diesem Bereich ist somit Abstand zu nehmen. Darüber hinaus ist daran zu denken, Vorschriften zeitlich zu befristen oder ihre Wirkungsweise in gewissen Abständen zu evaluieren (vgl. 3.5).

Ein Kernproblem der Konvergenzentwicklung ist die derzeit stark zersplitterte Aufsichtsstruktur[101], die nicht zuletzt in der bestehenden Zuständigkeitsordnung begründet ist. Für Rundfunk-, Medien-, Tele- und Telekommunikationsdienste sind jeweils unterschiedliche Aufsichtsorgane zuständig, obgleich sie in Zukunft über dieselbe technische Plattform vertrieben werden können. Zudem ist ein Verlust an realen Eingriffsmöglichkeiten zu beklagen, da in Zeiten globaler Vertriebswege Anbieter ohne weiteres ihre Dienste vom Ausland aus verbreiten können. Es gehört sicherlich zu den schwierigsten Reformaufgaben, diese Herausforderung angemessen zu bewältigen. Als Sofortmaßnahme könnte deshalb eine gemeinsame Arbeitsgruppe („joint working group") gegründet werden, in der die für den Medien- und Telekommunikationsbereich zuständigen Landes- und Bundesbehörden ihre Aufsichts- und Regulierungstätigkeit koordinieren.

---

101  Zu ähnlichen Problemen in Großbritannien und den dort diskutierten Lösungsansätzen vgl. Collins/ Murroni, New Media, New Policies, 1996, S. 158 ff.

# 3 Regelungsperspektiven für Zugangssicherung und Konzentrationskontrolle*

Notwendigkeit und Rechtmäßigkeit neuer Regelungen der Länder – wie etwa im Entwurf zur Änderung der RStV in § 53 vorgesehen[102] – wurde und wird grundsätzlich für bestimmte Bereiche kritisch beurteilt. Dies geschieht insbesondere mit Blick auf bestehende Regelungen des Bundes im Fernsehsignalübertragungsgesetz (FÜG), im Telekommunikationsgesetz (TKG) und im Gesetz gegen Wettbewerbsbeschränkungen (GWB).

Vor diesem Hintergrund werden im folgenden Perspektiven für die Fortentwicklung des Regelungskonzeptes aufgezeigt. Dabei werden Fragen von Zugangssicherung und Konzentrationskontrolle im Vordergrund stehen. Andere – für die Entwicklung mindestens ebenso bedeutsame Fragen – wie die Gewährleistung von Jugendschutz oder von publizistischer Qualität im Digitalen Fernsehen bleiben außer Betracht.

Aus den Ergebnissen der ökonomischen Analyse (s.o. Kap. 1) wird deutlich, daß bei der Einführung Digitalen Fernsehens in Deutschland eine Monopolsituation für viele Dienstleistungen zu erwarten sein wird. Beim Programmangebot ergibt sich die Notwendigkeit zur Vermarktung umfangreicher Bouquets. Beides wird bei der Entwicklung eines adäquaten Regelungsrahmens zu berücksichtigen sein.

---

\*   Schwerpunktmäßig bearbeitet von *Dr. Wolfgang Schulz*
102   Die Untersuchung bezieht sich auf den Entwurf vom 27. Februar 1998.

## 3.1 Verfassungsrechtliche Determinanten aller Regelungsmodelle

### 3.1.1 Regelungsziele von Art. 5 Abs. 1 Satz 2 GG

Das Bundesverfassungsgericht hat bekanntlich die Kommunikationsfreiheiten des Art. 5 Abs. 1 GG aus einem funktionalen Blickwinkel heraus interpretiert. Objektives Ziel der Gewährleistungen in Art. 5 Abs. 1 GG ist der Prozeß freier Meinungsbildung an sich.[103] Dies bleibt für die Freiheiten, die in Art. 5 Abs. 1 Satz 1 GG geschützt sind (Kommunikator- und Rezipientenfreiheit) ein abstrakter Zielwert, der – zumindest derzeit – nicht zu einem praktisch relevanten Gewährleistungsauftrag an den Gesetzgeber führt.[104] Bei diesen Freiheiten stehen daher die subjektiv-abwehrrechtlichen Komponenten im Vordergrund. Grund dafür ist, daß im Bereich der Individualkommunikation unterstellt werden kann, daß zwischen Rezipienten und Kommunikator keine strukturellen Ungleichheiten bestehen, die dazu führen, daß eine Partei Inhalte, Diskursregeln, Themenstrukturen usw. aufgrund nichtkommunikativer Kriterien einseitig beherrscht. Es reicht daher aus, daß die Grundrechte Eingriffe Dritter in diesen Kommunikationsprozeß abwehren; diese können insbesondere durch staatliche Intervention entstehen, so daß sich die staatsgerichtete Orientierung dieser Grundrechte legitimiert.[105]

Anders sieht es aus, wenn sich der gesellschaftliche Kommunikationsprozeß so ausdifferenziert, daß spezielle Dienstleister Funktionen übernehmen, die ihnen eine Sonderstellung im Kommunikationsprozeß verschaffen. Eine solche Sonderstellung haben typischerweise diejenigen inne, die als Inhaber von Massenmedien Einfluß auf die Meinungsbildung haben. Massenmedien sind, diese Einschätzung hat das Bundesverfassungsgericht seiner Interpretation von Art. 5 Abs. 1 Satz 2 GG zugrunde gelegt, „Medium und Faktor" der Meinungsbildung.[106] Damit ist grundsätzlich die Gefahr gegeben, daß diese Instanzen, da sie aus wirtschaftlichen oder anderen Kalkülen heraus agieren, aus nicht-kommunikativen Gründen Einfluß auf die Meinungsbildung nehmen können und somit die kommunikative Chancengleichheit stören.

Ob diese Gefahr besteht und ob ihr durch gesetzliche Ausgestaltung begegnet werden muß oder ob darauf vertraut werden kann, daß die marktmäßige Erbringung dieser Dienstleistungen bereits sicherstellt, daß auch kom-

---

103  Vgl. BVerfGE 57, 295 (319 f.); 74, 297 (323).

104  Zu objektiven Gehalten der Kommunikator- und Rezipientenfreiheit vgl. W. Hoffmann-Riem, Kommentierung zu Art. 5 Abs. 1 Satz 1, 2 GG, in R. Wassermann (Hrsg.), Kommentar zum Grundgesetz für die Bundesrepublik Deutschland - Alternativkommentar, Bd. I, 2. Aufl., Neuwied 1989, Rz. 32 ff.

105  Vgl. W. Schulz, Jenseits der Meinungsrelevanz, ZUM 1996, 486 (488 f.).

106  So explizit für den Rundfunk, vergl. BVerfGE 50, 290 (340 f.); 57, 295 (319 f.); 83, 238 (296); 87, 189 (198); implizit auch für die Presse, vergl. BVerfGE 20, 162 (174 f.); 34, 202 (222).

munikative Chancengleichheit hergestellt wird, kann für unterschiedliche Dienstleister, verschiedene Marktsituationen, unterschiedliche Vermittlungsformen und insgesamt der historischen Gestalt des zu schützenden Kommunikationsprozesses differenziert zu beurteilen sein. Das Bundesverfassungsgericht geht bekanntlich in ständiger Rechtsprechung davon aus, daß für den Veranstalter von Rundfunkprogrammen durch Ausgestaltung der Rundfunkordnung, an die das Gericht bestimmte Bedingungen geknüpft hat, gesondert sicherzustellen ist, daß diesem Regelungsziel Rechnung getragen wird.[107]

Liest man die Regelungsgehalte der Kommunikationsfreiheiten in diesem Sinne, so erscheint das gesamte Gewährleistungsgefüge von Art. 5 GG am Prinzip der kommunikativen Chancengleichheit ausgerichtet.[108] Freie individuelle und öffentliche Meinungsbildung gilt es zu sichern, und diese Meinungsbildung kann dann und nur dann als frei gelten, wenn der Kommunikationsprozeß unbeeinflußt von Vermachtungen bleibt, die nicht wiederum selbst kommunikativ vermittelt sind.[109]

So betrachtet fordert der Gewährleistungsauftrag im Rahmen von Art. 5 Abs. 1 Satz 2 GG vom Gesetzgeber sicherzustellen, daß die Rezeptionschance für bestimmte Inhalte bei den Zuhörern bzw. Zuschauern von Massenkommunikation prinzipiell gleich ist. Dieses Ziel zerfällt in unterschiedliche Aspekte, deren Gewicht im Rahmen der Ausgestaltung durch die technischen Veränderungen verschoben wird. Dies sind:

- positive Vielfaltssicherung
- Verhinderung von vorherrschendem Einfluß auf Zugangschancengerechtigkeit („Verhinderung vorherrschender Meinungsmacht")
- Ausgleich mangelnder Kommunikationschancen.

Diese Aspekte werden im folgenden ausgehend von der Rechtsprechung des Bundesverfassungsgerichts kurz charakterisiert.

### 3.1.2 Positive Vielfaltssicherung

Die in der Gesellschaft vorhandenen Meinungen in möglichst voller Breite im Rundfunk abzubilden, dies hat das Bundesverfassungsgericht als Ziel für die Ausgestaltung der Rundfunkordnung aus der Rundfunkfreiheit abgelei-

---

107 Vgl. BVerfGE 73, 118 (152 f.); 83, 238 (296); 90, 60 (88).
108 Vgl. W. Schulz, Gewährleistung kommunikativer Chancengleichheit als Freiheitsverwirklichung, Baden-Baden 1998; W. Hoffmann-Riem, Kommunikationsfreiheit und Chancengleichheit, in: J. Schwartländer/E. Riedel (Hrsg.): Neue Medien und Meinungsfreiheit, S. 27 ff.; Schulz (Fn. 105), 490; zur kommunikativen Chancengleichheit im Verhältnis der Rundfunkveranstalter zueinander im Hinblick auf DVB-Dienstleistungen, vgl. H. Gersdorf, Chancengleicher Zugang zum digitalen Fernsehen, Berlin 1998, S. 132 ff.
109 Vgl. zur „Privilegienfeindlichkeit" der Kommunikationsfreiheiten W. Hoffmann-Riem, Kommunikations- und Medienfreiheit, § 7 in E. Benda/W. Maihofer/H.J. Vogel, Handbuch des Verfassungsrechts der Bundesrepublik Deutschland, 2. Aufl., Berlin 1994, Rz. 12 ff.

tet.[110] Diese Ausrichtung an einer positiven Vorstellung von Meinungspluralität im Programm hat dem Bundesverfassungsgericht Kritik aus ganz unterschiedlichen Richtungen eingetragen. Von bürgerlich- bis ordoliberalen Positionen wird die Vorstellung, man könne eine der Gesellschaft adäquate Meinungsvielfalt auch nur als Zielwert formulieren, geschweige denn durch eine staatlich gesetzte Ordnung durchsetzen, als abwegig qualifiziert. Dem Gesetzgeber fehle nicht nur die Möglichkeit dazu, den Zielwert zu bestimmen, jeder Versuch, dies durch staatliche Stellen festzusetzen, liefe nach dieser Ansicht auf eine freiheitswidrige „Meinungsplanwirtschaft" hinaus.[111] Aber auch dem Bundesverfassungsgericht sonst folgende wissenschaftliche Positionen kritisieren diese Vorstellung einer positiv zu sichernden Meinungsvielfalt. Sie erweitern und ergänzen sie im Hinblick auf Pluralität anderer Programmerkmale wie Genre und Sparten[112] und sie verweisen darauf, daß gerade angesichts der zunehmenden Fragmentierung der Gesellschaft ein an der Widerspiegelung des Gesellschaftsganzen orientiertes Konzept nicht mehr adäquat sein kann.[113]

Insgesamt scheint aber Einvernehmen darüber zu bestehen, daß im Zuge der technischen Veränderungen bei der Rundfunkdistribution der Zielwert der positiven Vielfaltssicherung tendenziell an Bedeutung verliert. Er muß zumindest tendenziell[114] auf eine Zugangschancensicherung im Sinne der Teilziele 2 und 3 umgestellt werden; ein grundsätzlicher Paradigmenwechsel hin zu einer reinen Offenheitspflege[115] kann damit aber nicht konstatiert werden. Gründe für den Perspektivwechsel sind zum einen, daß – wenn auch vielleicht nicht in dem Umfang, wie euphorische Prognosen es prophezeit haben – vergrößerte Übertragungskapazitäten zur Verfügung stehen, die zumindest potentiell mehr unterschiedlichen Inhalten eine Rezeptionschance beim Rezipienten verschaffen. Zum anderen wird durch die Veränderung der Distributionskette bei Digitalem Fernsehen das Objekt der Attributierung von Vielfaltsanforderungen, nämlich der Programmveranstalter, schon als Begriff zunehmend aufgelöst. Auf diese Punkte wird noch weiter einzugehen sein.

---

110  BVerfGE 57, 295 (319 f.); 74, 297 (323).
111  Besonders drastisch die Kritik von Ch. Engel, Rundfunk in Freiheit, AfP 1994, 185 ff.; vgl. auch D. Bremer, Freiheit durch Organisation? „Ausgestaltung" der Rundfunkordnung als Problem von Grundrechtsinterpretation, Grundrechtstheorie und Ordnungstheorie, in: E.-J. Mestmäcker (Hrsg.), Kommunikation ohne Monopole. Baden-Baden 1995.
112  Vgl. zu den Vielfaltsdimensionen, die sich aus Art. 5 ableiten lassen, Hoffmann-Riem (Fn. 104), Rz. 137 ff.
113  Vgl. Th. Vesting, Prozedurales Rundfunkrecht, Baden-Baden 1997, insbesondere S. 220 ff. *Vesting* sieht in der Rundfunkfreiheit ein Grundrecht, das funktional auf den Zielwert kultureller Vielfalt ausgerichtet ist, wobei der Zielwert selbst prozeduralisiert wird, also nicht auf bestimmbare, im Programm wiederzufindende Merkmale reduziert werden kann. Vielfaltssicherung findet daher nach Vesting insbesondere dadurch statt, daß der Gesetzgeber (unter anderem) auf einen organisatorischen Strukturreichtum im Bereich der Rundfunkveranstaltung hinwirkt (vgl. S. 227).
114  Vgl. W. Schulz (Fn. 108).
115  So M. Bullinger, Verbreitung entgeltlicher Rundfunkprogramme und Mediendienste in Paketen, Archiv für Presserecht (AfP) 1997, 765 ff.

Weiterhin eine Rolle spielt die positive Vielfaltssicherung besonders bei der Konstruktion öffentlich-rechtlichen Rundfunks und dessen Beitrag für die öffentliche Kommunikation.

### 3.1.3 Verhinderung vorherrschender Meinungsmacht als Sicherung von Zugangschancengerechtigkeit

Das Bundesverfassungsgericht hat bereits früh erkannt, daß es sich bei der „Meinungsvielfalt" um eine schwer in materielle und praktikable Verfahren umsetzbare, nicht „exakt zu bestimmende Größe" handelt.[116] Daher hat es einen Schwerpunkt der Regelungen für privaten Rundfunk in der Verhinderung vorherrschender Meinungsmacht gesehen.[117] Etwas allgemeiner im Sinne des oben adaptierten theoretischen Konzeptes kann man von der Verhinderung vorherrschenden Einflusses auf Zugangschancengerechtigkeit sprechen. Durch diese Umformulierung wird deutlich, daß es für die verfassungsrechtliche Einordnung des Risikos, das für faire Kommunikationschancen besteht, nicht auf eine Anknüpfung beim Massenkommunikator selbst ankommt, sondern daß auch andere – dem Grunde nach nur technische – Dienstleister in einer Art auf die freie individuelle und kollektive Meinungsbildung wirken können, die nicht aus Art. 5 Abs. 1 GG gerechtfertigt ist und der der Gesetzgeber daher im Rahmen der Ausgestaltung entgegenzuwirken hat.

Bei bestimmten Diensten – so der Veranstaltung klassischer Rundfunkprogramme – ergibt sich nach Lesart des Bundesverfassungsgerichts bekanntlich ein Veranstaltungsverbot, solange der Gesetzgeber seiner Ausgestaltungsaufgabe nicht nachgekommen ist.[118] Hier hat das Bundesverfassungsgericht auch eine Zulassungserfordernis im Rahmen der gesetzlichen Ausgestaltung angesichts des Risikos für die freie individuelle und kollektive Meinungsbildung als erforderlich angesehen; eine Voraussetzung, die der Gesetzgeber im Bereich der jetzt vom Mediendienstestaatsvertrag bzw. dem Teledienstegesetz erfaßten Angebote grundsätzlich nicht als geboten angesehen hat.[119] Letzteres erfolgte zurecht, denn es kommt nicht auf den verfassungsrechtlichen Rundfunkbegriff an – diesem unterfallen zumindest die an die gem. § 2 Abs. 1 MDStV an die Allgemeinheit verbreiteten Mediendienste[120]. Dies schließt andersherum nicht aus, daß bestimmte Dienste, die der Definition von TDG

---

116 Vgl. BVerfGE 73, 118 (159).
117 Ebd. S. 160; vgl. auch BVerfGE 74, 297 (325 f.).
118 BVerfGE 57, 295 (320 f.); 73, 118 (166); vgl. dazu auch H. Gersdorf (Fn.108), S. 25 ff.
119 Sie sind zulassungs- und anmeldefrei; vgl. § 4 Abs. 1 MdStV und § 4 Abs. 1 TDG.
120 Der Streit, inwieweit Teledienste gem. § 1 TDG Rundfunk i.S.d. Art. 5 Abs. 1 Satz 2 GG darstellen und inwieweit dies wiederum für die Regelungskompetenz Bedeutung hat, soll hier nicht wieder entfaltet werden, vgl. dazu M. Bullinger/E.-J. Mestmäcker, Multimediadienste. Struktur und staatliche Aufgaben nach deutschem und europäischem Recht, Baden-Baden 1997; W. Schulz, Regulierung von Medien- und Telediensten: Stichworte zur aktuellen Diskussion über die Regulierung von computervermittelter Kommunikation in Deutschland, Köln 1997.

bzw. MDStV unterfallen, wegen ihrer besonderen Relevanz für kommunikative Chancengerechtigkeit doch einem Lizenzvorbehalt unterstellt werden können oder von Verfassungs wegen sogar müssen, wenn ihnen etwa für die Verbreitung (klassischen) Rundfunks eine Gatekeeperrolle zukommt.[121] Dies mit Blick auf den Zielwert des Art. 5 Abs. 1 GG – freie individuelle und kollektive Meinungsbildung – angemessen zu regulieren, obliegt dem (Landes)Gesetzgeber.

Wie der Gesetzgeber dieser Ausgestaltungsaufgabe gerecht wird, dies ergibt sich – abgesehen von den insb. im FRAG-Urteil festgelegten Grundsätzen für die Veranstaltung von klassischem Rundfunk – nicht unmittelbar aus verfassungsrechtlichen Einordnungen. Der Gesetzgeber hat daher bei der Wahl von Regelungskonzepten und -instrumenten bei der Ausgestaltung der Rundfunkordnung einen breiten Spielraum.[122]

Bei der Wahl der Regulierungskonzepte ist der Gesetzgeber also weitgehend frei. In bezug auf strukturell mögliche vorherrschende Einflüsse auf einer Dienstleistungsstufe auf Kommunikationschancengerechtigkeit stehen zumindest drei Regelungsmodelle zur Verfügung:

(1) Der Gesetzgeber kann angesichts der Marktstrukturen, des Grades von Gefahr, den er bei diesem Medium und durch diese Dienstleistung für die kommunikative Chancengerechtigkeit vermutet sowie weiterer gesellschaftlicher Faktoren darauf vertrauen, daß sich kommunikative Chancengerechtigkeit in bezug auf dieses Medium allein durch den Markt, unterstützt durch Konzentrationskontrollregelungen des allgemeinen Wirtschaftsrechts, ergibt. Dies ist derzeit bei der Presse, aber auch Tele- und Mediendiensten der Fall.

(2) Der Gesetzgeber kann davon ausgehen, daß sich in Bezug auf eine bestimmte Dienstleistung zwar kommunikative Chancengerechtigkeit durch den Markt herstellen läßt, daß der Markt dazu aber der Abstützung durch spezielle Antikonzentrationsregelungen bedarf, die auf die spezifischen Risiken abstellen, die wirtschaftliche Macht für Kommunikationschancen hat. Dies ist im Kern die derzeitige Lage bei der Rundfunkveranstaltung.

(3) Schließlich kann der Gesetzgeber bei bestimmten Dienstleistungen nach den genannten Kriterien unterstellen, daß hier der wirtschaftliche Eigentümer überhaupt keinen Einfluß auf Kommunikationschancen haben sollte, daß also lediglich eine offene Plattform zur Verfügung gestellt wird (So § 53 RStV-E für bestimmte Dienstleistungen Digitalen Fernsehens).

---

121 Differenzierungen sind schon vor dem 4. Rundfunkänderungsstaatsvertrag zu beobachten, bspw. für Navigatoren für Digitales Fernsehen, die der Definition von § 2 Abs. 1 MdStV entsprechend Mediendienste darstellen, aber gem. § 53 Abs. 3 RStV der Anzeigepflicht unterliegen.
122 BVerfGE 57, 295 (321); 73, 118 (153); 83, 238 (296).

### 3.1.4 Ausgleich mangelnder Kommunikationschancen

Schließlich ist der Ausgleich mangelnder Kommunikationschancen Aspekt der verfassungsrechtlichen Sicherung von kommunikativer Chancengleichheit. Damit ist keine „Restgröße" beschrieben, um Minderheitsinteressen zu wahren. Vielmehr kann die marktmäßige Erbringung von Kommunikationsdienstleistungen bestimmte Inhalte-Typen strukturell benachteiligen, d.h. nicht entsprechend ihrem kommunikativen Gewicht Zugangschancen zu Rezipienten verschaffen oder andersherum bestimmten Rezipienten den Zugang zu den Inhalten vorenthalten. Dies rechtfertigt die Etablierung und Privilegierung anderer Formen der Rundfunkveranstaltung wie vor allem öffentlichrechtlichen Rundfunk, aber auch Offene Kanäle oder nichtkommerziellen Lokalfunk.

### 3.1.5 Der Begriff der Chancengleichheit im Rahmen der Rundfunkgewährleistung

Für die Ausgestaltung der Rundfunkordnung gerade auch mit Blick auf neue rundfunkrelevante Dienstleistungen ist es erforderlich, das Ziel der kommunikativen Chancengleichheit näher zu fassen. In dem Begriffstripel, das zur Regelung der Offenheit von Diensten auch in § 53 RStV-E eingesetzt wird, sind „Chancengleichheit" und „Diskriminierungsfreiheit" redundant.

Wie bei jeder Prüfung von Verstößen gegen Gleichheitssätze sind drei Fragen zu beantworten:[123]

1. Wann sind Sachverhalte gleich?
2. Wann werden Sachverhalte ungleich behandelt?
3. Was kann die Ungleichbehandlung gleicher oder Gleichbehandlung ungleicher Sachverhalte rechtfertigen?

Die Kriterien, die die Beantwortung dieser Fragen steuern, können durchaus unterschiedlich sein. Bevor das aus Art. 5 Abs. 1 GG fließende Verständnis skizziert wird, kann ein Blick auf die Verwendung der Begriffe im Kartellrecht geworfen werden.

#### 3.1.5.1 Chancengleicheit und Diskriminierung i.S.v. § 26 Abs. 2 GWB

Adressanten eines Diskriminierungsverbots sind gem. § 26 Abs. 2 GWB[124] marktbeherrschende Unternehmen, aber auch alle anderen Unternehmen, von

---

123  Vgl. B. Pieroth/B. Schlink, Grundrechte Staatsrecht II, 13. Aufl., Heidelberg 1997, Rz. 428 ff., 501; K. Hesse, Grundzüge des Verfassungsrechts der Bundesrepublik Deutschland, 20. Aufl., Heidelberg 1995, Rz. 429 ff.
124  In der derzeit noch gültigen Fassung; zur Novelle sogleich.

denen kleinere und mittlere Anbieter oder Nachfrager abhängig sind.[125] Neben dem Behinderungsverbot (das i.e. nach den gleichen Kriterien wie im folgenden ausgeführt geprüft wird) gilt für diese ein Verbot, gleichartige Unternehmen ohne sachlich gerechtfertigten Grund im geschäftlichen Verkehr mittelbar oder unmittelbar ungleich zu behandeln.[126]

Auf der Frageebene, ob gleichartige Unternehmen vorliegen, findet nur eine grobe Differenzierung anhand der wirtschaftlichen Funktion und der unternehmerischen Tätigkeit statt.[127] Die eigentliche Bewertung erfolgt bei der Frage, ob eine Diskriminierung stattfindet. Allerdings muß eine Ungleichbehandlung im Vergleich zu selbständigen Unternehmen stattfinden, also solchen, die nicht mit dem Adressaten von § 26 Abs. 2 GWB unternehmerisch verbunden sind.[128] Eine Privilegierung eigener Töchter ist daher nicht nach § 26 Abs. 2 GWB als Diskriminierung verboten.

Eine Ungleichbehandlung liegt kartellrechtlich in jeder wirtschaftlich relevanten Abweichung. Die Gleichbehandlung ungleicher Unternehmen fällt hingegen nicht unter § 26 Abs. 2 GWB.[129]

Bei der Frage, wann eine solche Ungleichbehandlung vorliegt, öffnet sich die kartellrechtliche Dogmatik für eine Einzelfallabwägung, die kaum mehr kriteriengeleitet erfolgt. Bei der Abwägung ist zu beachten, daß § 26 Abs. 2 GWB nicht nur dem Individualinteresse der vom marktbeherrschenden Unternehmen abhängigen Firmen zur Seite tritt, sondern auch dem Schutz des Wettbewerbs schlechthin dient. Die Abwägung hat daher unter Berücksichtigung der auf Freiheit des Wettbewerbs orientierten Zielsetzung des Gesetzes zu erfolgen.[130] Dazu gehört insbesondere, die Märkte offenzuhalten.[131] (Ob daraus folgt, daß der Zugang zu „Essential Facilities" von marktbeherrschenden Unternehmen erzwungen werden kann, dazu s.u. 3.4).

Rundfunkrechtlich bedeutsam wurden diese wirtschaftsorientierten Kriterien bei der Absicht privater Kabelanlagenbetreiber, das Pay-TV-Programm *Premiere* nur noch gegen ein besonderes Entgelt in ihre Anlagen einzuspeisen. Der BGH[132] ging davon aus, die Kabelbetreiber seien zwar marktbeherrschende Unternehmen i. S. des § 26 GWB, die auch prinzipiell gleichartige Unternehmen, wie Premiere auf der einen Seite und Free-TV-Veranstalter

---

125 Vgl. E. Langen/H.-J. Bunte/D. Schultz, Kommentar zum deutschen und europäischen Kartellrecht, Neuwied 1998, § 26, Rz. 58 ff.
126 U. Immenga/E.-J. Mestmäcker/K. Markert, GWB; Kommentar, 2.Aufl., München 1992, § 26 Rz. 181.
127 Vgl. E. Langen/H.-J. Bunte/D. Schultz, Kommentar zum deutschen und europäischen Kartellrecht, Neuwied 1998, § 26, Rz. 134 f.; stRspr seit des BGH 30.6.81 - Adidas WuW/E 1885 (1887).
128 Vgl. BGH WuW/E 1947, 1949 - Stuttgarter Wochenblatt; OLG Frankfurt ZIP 1989, 1425 (1427) - Toyota II.
129 Vgl. Fn. 128.
130 E. Langen/ H.-J. Bunte/D. Schultz, Kommentar zum deutschen und europäischen Kartellrecht, Neuwied 1998, § 26, Rz. 49.
131 Vgl. ebd.
132 BGH ZUM 1996, 674 (675 ff.).

auf der anderen Seite, ungleich behandeln. Diese Ungleichbehandlung sei jedoch nicht von vorne herein ungerechtfertigt. So sei das Streben nach möglichst günstigen Bedingungen auch einem Monopolisten möglich, solange es nicht auf wirtschaftsfremden Überlegungen oder Willkür beruhe. Rechtfertigen ließe sich die Ungleichbehandlung insbesondere dadurch, daß aus der Sicht der Nutzer der Wert der Anlage durch die Durchleitung eines Programms, für das noch extra bezahlt werden müsse, gesenkt würde (im Gegensatz zu einer Durchleitung eines weiteren Free-TV-Programms, welches ohne Zusatzentgelt den Unterhaltungswert steigere)[133]. Offen ließ der BGH jedoch, ob einer solchen Beurteilung landesrechtliche Vorschriften entgegenstehen.

### 3.1.5.2 Chancengleicheit und Diskriminierung i.S.v. Art. 5 Abs. 1 GG

Demgegenüber orientiert sich Chancengleichheit im Rahmen von Art. 5 Abs. 1 GG an der Gleichheit der Teilnehmer im Kommunikationsprozeß. Alle Kommunikationsteilnehmer sollen prinzipiell gleiche Bedingungen im Prozeß gesellschaftlicher Kommunikation vorfinden. Dies schließt Differenzierungen nicht aus; allerdings ist ihre Zulässigkeit nicht mit den Maßstäben wirtschaftlicher Vernunft zu messen, sondern wiederum an kommunikativen Kriterien auszurichten. Die Kommunikationsfreiheiten sind grundsätzlich „privilegienfeindlich".[134] Die kommunikative Chancengleichheit ist auf beiden Seiten des Kommunikationsvorgangs zu sichern, also auf der der Kommunikatoren und der der Rezipienten.

So kann es notwendig sein, kommunikative Interessen, die sich nicht ihrem kommunikativen Gewicht entsprechend durchzusetzen vermögen, weil die Rückkopplung im Mediensystem ausschließlich über Geldzahlungen vermittelt erfolgt, zu fördern.[135] Dazu gehören solche Interessen, die sich noch nicht institutionell verfestigt haben und so bspw. nicht über Gremienkonstruktionen Wirkung entfalten können oder solche, für deren Kommunikationsangebote zwar Interesse, aber keine kaufkräftige Nachfrage besteht, so daß sie in ökonomisch rückgekoppelten Mediensystemen nicht oder nur unzureichend vorkommen; dies kann namentlich für regionale, lokale und sublokale Angebote gelten.

Im ersten Zugriff kann man also feststellen, daß schematische Gleichbehandlung von Kommunikatoren im Rahmen kommunikativer Chancengleicheit grundsätzlich das Ziel ist; Ausnahmen in Form von Privilegierungen können aber dort erforderlich sein, wo kommunikative Interessen strukturell benachteiligt erscheinen.

---

133  BGH ZUM 1996, 674 (678).
134  Hoffmann-Riem (Fn. 109), Rz. 12 ff.
135  Hoffmann-Riem (Fn. 104), Rz. 146.

## 3.2  Probleme der Gesetzgebungskompetenzen

Besonders umstritten war und ist, für welche Bereiche und Regelungsziele der Bund und für welche die Länder regelungskompetent sind, wenn es um Verwirklichung der genannten Ziele geht. Dies gilt insbesondere – aber nicht nur – für die neuen Dienstleistungen Digitalen Fernsehens.

### 3.2.1  Auslegung der Kompetenznormen

Die Bestimmung, ob Bund oder Länder zu einer konkreten Regulierung gesetzgebungsbefugt sind, gehört aufgrund der Systematik der Art. 70 ff. GG zu den besonders heiklen verfassungsrechtlichen Aufgaben. Aus der Rechtsprechung des Bundesverfassungsgerichts ergeben sich nur wenige Auslegungsgrundsätze, die die Lösung von Zweifelsfällen leiten können. Da der Bund nur dort gesetzgebungskompetent ist, wo ihm das Grundgesetz einen besonderen Kompetenztitel verleiht (Art. 70 Abs. 1 GG), beginnt jede Prüfung bei dem Versuch, eine bestimmte Regulierung einer Kompetenznorm des Bundes zuzuordnen. Dabei ist zu beachten:

- Daß die Kompetenzregelungen der Art. 73 ff. keiner erweiternden Auslegung zugänglich sind, sondern vielmehr eine strikte Interpretation erfordern.[136]
- Daß die Auslegung von Kompetenzvorschriften mit Blick auf eine Effektivierung des Grundrechtsschutzes zu erfolgen hat; insbesondere dort, wo – wie bei Art. 5 Abs. 1 GG – staatliche Gewährleistungs- oder Schutzaufträge bestehen, dürfen Gesetzgebungskompetenzen nicht so verteilt werden, daß eine Durchführung dieser Aufträge erschwert oder verhindert wird.[137]
- Daß möglichst eindeutige Kompetenzzuordnungen möglich sind – parallele Regulierungen sollen möglichst verhindert werden.[138] Sofern es zu (verfassungsgemäßen) Doppelregelungen kommt, verdrängt Sonderrecht allgemeines Recht.[139] Im übrigen gilt Art. 31 GG.

Die Zuordnung von Regulierungen zu Kompetenztiteln des Grundgesetzes wird dadurch erschwert, daß diese Kompetenztitel unterschiedlich konkret formuliert sind und teils an einen bestimmten gesellschaftlichen Lebensbereich, teils (auch zusätzlich) an bestimmte Regulierungsziele anknüpfen. Die

---

136  Vgl. BVerfGE 12, 205 (228 f.).
137  Vgl. ebd. S. 228.
138  Vgl. P. Badura, Staatsrecht, 2.Aufl., München 1996, D 78, der auf BVerfGE 61, 149 (204 f.) (Doppelzuständigkeiten sind "dem System der verfassungsrechtlichen Kompetenznormen [...] fremd") verweist. Das Gericht läßt aber Ausnahmen zu.
139  Vgl. M. Bothe, Kommentierung zu Art 70, in R. Wassermann (Hrsg.), Kommentar zum Grundgesetz für die Bundesrepublik Deutschland - Alternativkommentar, Bd. II, 2. Aufl., Neuwied 1989, Rz. 24 mwN.

Prüfung von Gesetzgebungskompetenzen ist daher nicht abstrakt möglich, sondern nur, wenn etwa in einem konkreten Regelungsvorschlag der zu regelnde Lebensbereich und das Regelungsziel identifizierbar sind. Hier ist zu prüfen, welche traditionellen Zuordnungen bestehen und zu welchem Kompetenztitel die gesetzliche Regelung den nächsten Sachzusammenhang hat;[140] dies wird man nur mit Blick auf das gesetzliche Regelungsziel beurteilen können.[141]

Kollisionen sind insbesondere da möglich, wo Bund oder Land eine allgemeine Gesetzgebungskompetenz zugewiesen wird und der anderen Seite eine spezielle Regelungskompetenz zusteht, die für diesen speziellen Fall von der Regelung, die aufgrund der allgemeinen Gesetzgebungskompetenz erlassen wurde, abweicht. Diese Frage ergibt sich naturgemäß häufig bei der konkurrierenden Bundeszuständigkeit für „Das Recht der Wirtschaft" (Art. 74 Abs. 1 Nr. 11 GG), da es in einer marktwirtschaftlich orientierten Gesellschaft kaum einen Lebensbereich gibt, der nicht (auch) dem Bereich der Wirtschaft zuzurechnen ist. Die Reichweite gerade dieser Gesetzgebungskompetenz wurde insbesondere an Fragen des Rundfunks und der Presse häufig diskutiert. Es besteht weitgehend Einigkeit, daß aus diesem Kompetenztitel keine Rechtfertigung für Spezialgesetze für Medien herzuleiten ist.[142] Andersherum sind Sonderregelungen der Länder in diesem Bereich möglich, die grundsätzlich nach dem o.g. Grundsatz die allgemeinen Normen des Bundes verdrängen.

Noch komplizierter wird die Lage dort, wo dem Bund eine Kompetenz eingeräumt wird, die zwar vom Lebenssachverhalt her allgemein, aber auf einen bestimmten Regelungszweck bezogen ist. Dies ist bei der konkurrierenden Gesetzgebungszuständigkeit für die Verhütung des Mißbrauchs wirtschaftlicher Machtstellung (Art. 74 Abs. 1 Nr. 16 GG) der Fall. Die Reichweite dieser Gesetzgebungskompetenz ist am Beispiel der Regelungen zur Pressefusionskontrolle diskutiert worden. Das Bundesverfassungsgericht und die herrschende Meinung gehen davon aus, daß die Sonderregelungen zur Pressefusionskontrolle in §§ 23, 24 GWB von diesem Kompetenztitel gedeckt sind. Dies daher, weil das Regelungsziel kein pressespezifisches ist, sondern vielmehr spezielle kartellrechtliche Regelungen aufgrund der besonderen wirtschaftlichen Struktur der Branche erforderlich sind (überwiegend mittelständische Zeitungsverlage, daher niedrige Aufgreifeschwelle).[143]

---

140  BVerfGE 3, 407 (421); 8, 143 (149 f.); die Kriterien für die Abgrenzung sind umstritten, vgl. bspw. H.-J. Vogel, Die bundesstaatliche Ordnung des Grundgesetzes, § 22 in HdVerfR (Fn. 109), Rz. 74 ff., der für die Anwendung der allgemeinen Auslegungskriterien plädiert oder Badura (Fn. 138), F 28, der auf den Schwerpunkt der Regelung abstellt; vgl. zusammenfassend Bothe (Fn. 139), Rz. 7 ff.

141  Vgl. Bothe (Fn. 139), Rz. 17 ff. mwN.

142  Vgl. Ch. Pestalozza, Thesen zur kompetenzrechtlichen Qualifikation von Gesetzen im Bundesstaat, DÖV 1972, 181 (185 f.); G. Püttner, Zur Kompetenz des Bundesgesetzgebers im Pressewesen, NJW 1975, 813 (814 f.).

143  Vgl. BVerfGE NJW 1986, 1743; Püttner (Fn. 142), S. 814. Kritisch Bothe (Fn. 139), Rz 15.

Dort, wo spezielle Kompetenztitel (oder zumindest solche, die spezielle Regelungen legitimieren) aufeinander treffen – dies wäre für die vorliegenden Fragen bei der ausschließlichen Bundeskompetenz zur Regulierung der Telekommunikation (Art. 73 Nr. 7, Art. 87 f. Abs. 1 GG)[144] und der Rundfunkkompetenz der Länder der Fall – wird es schwer, generelle Regelungen zur Auflösung der Kollisionskonstellation zu formulieren. Sofern beide Kompetenztitel grundsätzlich einschlägig sind – wie z.b. bei kartellrechtlichen Regelungen im Rundfunk[145] –, gilt bei der Kompetenzausübung zunächst der Grundsatz der Bundestreue, der es Bund und Ländern wechselseitig aufgibt, keine Regelungen zu schaffen, die die berechtigten Regulierungsmöglichkeiten der jeweils anderen Seite konterkarieren.[146] So ist es einem Gesetzgeber insbesondere untersagt, modifizierend in einen Spezialbereich des anderen einzugreifen. Andersherum müssen etwa kartellrechtliche Regelungen des Bundes Regulierungskonzepten der Länder Raum lassen, die die Rundfunkordnung im Sinne von Art. 5 Abs. 1 GG ausgestalten.[147] Insgesamt ist eine Auflösung von Konfliktlagen durch kooperative Verfahren anzustreben.

Vor diesem Hintergrund sind die Kompetenzen für Regelungen zur Sicherung von Zugangschancen im Bereich der (neuen) Dienstleistungen Digitalen Fernsehens zu prüfen.

### 3.2.2 Regelungskompetenzen für Zugangschancensicherung im Rundfunk

#### 3.2.2.1 Programmnavigatoren

Für Regelungen, die technische Standards etwa für die Navigatoren-API-Schnittstelle festlegen, könnte der Bund einen Kompetenztitel aus Art. 73 Nr. 7 GG (Telekommunikation) besitzen. Dieser Kompetenztitel umfaßt auch die Setzung fernmeldetechnischer Standards, sofern dies erforderlich ist, um fernmeldetechnisch überragende Informationen beim Endgerät problemlos empfangen zu können.[148] Dies ist bei der Definition von Schnittstellen-Standards gegeben. Kommt die von der DVB-Arbeitsgruppe geplante Standardisierung der API-Schnittestelle zustande, könnte die Umsetzung (ggf.

---

144  Art. 87 f. Abs. 1 GG enthält einen eigenen Kompetenztitel, so auch H. Gersdorf, (Fn. 108), S. 52.
145  Zu diesem Problem vgl. W. Hoffmann-Riem, Rundfunkrecht neben Wirtschaftsrecht, Baden-Baden 1991, S. 65 ff. mwN.; nicht zutreffend ist insoweit die Ansicht von R. Weisser, der zur Auflösung von Kollisionen auf den Schwerpunkt der zu regelnden Materie abstellt. Vergl. R. Weisser, Dienstleistungen zum Vertrieb digitaler Pay TV-Angebote, ZUM 1997, 877 (885).
146  Vgl. zum Grundsatz allgemein Badura (Fn. 138), D 86; Vogel (Fn. 140), § 22, Rz. 45 ff.; zur Bedeutung bei der Kompetenzausübung im Bereich Rundfunk H.D. Jarass, Kartellrecht und Landesrundfunkrecht, Köln/Berlin/Bonn/München 1991, S. 45 ff. u. S. 47 ff.; F. Ossenbühl, Rundfunk zwischen nationalem Verfassungsrecht und europäischem Gemeinschaftsrecht, Frankfurt a.M. 1986, S. 34 f. u. S. 35 ff. m.w.N.
147  Hoffmann-Riem (Fn.109), Rz. 203 der die Herstellung praktischer Konkordanz zwischen den Zielen des Kartellrechts und dem des Art. 5 Abs. 1 Satz 2 GG fordert.
148  BVerfGE 46, 120 (144).

wiederum in Umsetzung einer EU-Richtlinie) in Deutschland durch eine Novellierung des FÜG erfolgen. Allerdings hat auch hier der Bund im Zuge des länderfreundlichen Verhaltens dafür Sorge zu tragen, daß keine Standards definiert werden, die eine auf kommunikative Chancengleichheit ausgerichtete Regulierung erschweren oder gar verhindern. Die Definition einer solchen Schnittstelle ist technische Voraussetzung für die Entwicklung plattformunabhängiger Navigatoren und damit bedeutsam für die chancengleiche Verbreitung von Programmen.

Sofern die inhaltliche Gestaltung von Navigatoren, insbesondere die Sicherung des Zugangs von einzelnen Rundfunkveranstaltern mit ihren Angeboten zu den Navigatoren betroffen ist, kann sich der Bund zur Regulierung auf keinen Kompetenztitel berufen. Dazu zählen Fragen der Darstellungsweise und -struktur sowie der Zugriffssteuerung des Navigators. Es handelt sich insoweit nicht um die Regulierung von Telekommunikation (weder Art. 73 Nr. 7 noch Art. 87 f. Abs. 1 GG sind einschlägig), da als Regelungsziel hier eindeutig die Sicherstellung kommunikativer Zugangschancen der durch den Navigator anzusteuernden Anbieter ersichtlich ist, nicht die technische Standardisierung oder die Sicherung einer angemessenen Versorgung von Telekommunikationsdienstleistungen. Die Steuerung des Zugangs zu Rundfunkprogrammen stellt – dies ist mehrfach zutreffend ausgeführt worden[149] – eine für die Rezeption von Rundfunkprogrammen essentielle Funktion dar, deren Regulierung den Landesgesetzgebern zufallen muß, soll die vom Grundgesetz in Art. 5 Abs. 1 Satz 2 geforderte Ausgestaltung möglich bleiben. Setzt die Regulierung beim Rundfunkveranstalter an, der gleichzeitig auch die Set-Top-Box-Plattform betreibt, so fallen die genannten Regelungsfelder ohne weiteres unter die Rundfunkregulierung, zu der sie der Sache nach gehören. Im übrigen wird es sich bei Navigatoren regelmäßig um Mediendienste handeln, die verfassungsrechtlich ebenfalls Rundfunk darstellen und insofern genuin – und nicht nur durch ihren Bezug zu Rundfunkdiensten – der Gesetzgebungskompetenz der Länder unterfallen.[150]

Sofern in bezug auf Navigatoren keine Zugangsbedingungen, sondern Unternehmensbeteiligungen reguliert werden, könnte der Kompetenztitel des Bundes gemäß Art. 74 Abs. 1 Nr. 16 GG greifen; dies käme aber wie oben dargelegt nur dann in Betracht, wenn die Spezialregelung lediglich allgemeine kartellrechtliche Bestimmungen mit Blick auf die Spezifika eines Marktes modifiziert. Dies wird man bei Regelungen über Navigatoren, für die derzeit noch überhaupt gar kein Markt – ja nicht einmal eine Vorstellung davon – existiert, nicht annehmen können, so daß grundsätzlich von einer publizistisch motivierten Regulierung ausgegangen werden kann.

---

149 Vgl. Gersdorf (Fn.108), S. 74; Weisser, ZUM 1997, 887 (877 ff.).
150 Zum Streit im Vorfeld der Gesetzgebungsaktivitäten vgl. Fn.120.

Jenseits der technischen Standardisierung läßt sich also für keinen denkbaren Aspekt der Regulierung von Programmnavigatoren ein Kompetenztitel des Bundes entdecken, so daß diese (ausschließlich) unter die Gesetzgebungskompetenz der Länder fällt.

### 3.2.2.2 Conditional Access

Was die Standardisierung im Bereich von Conditional Access angeht, gilt das für die Standardisierung bei Navigatoren Gesagte. Es kann daher eine Bundeskompetenz für die Regelung beansprucht werden, etwa den DVB-Standard für Set-Top-Boxen verbindlich zu machen und so die Richtlinie 47/95 der EU umzusetzen.

Problematischer ist hier, ob auch für die Offenheitspflege und ggf. kartellrechtliche Regelungen eine Bundeskompetenz beansprucht werden kann. Dieses kann meines Erachtens nicht aus Art. 73 Nr. 7 GG, wohl möglicherweise aus Art. 74 Abs. 1 Nr. 16 GG hergeleitet werden, da es sich um spezielles Wettbewerbsrecht handelt.[151] Dieses ist, wie oben ausgeführt, auch bezogen auf Branchen möglich, die in anderer Hinsicht (ausschließlich) in Verantwortung der Länder reguliert werden. Sofern also § 7 FÜG durch Sicherung eines chancengleichen, nicht diskriminierenden und angemessen Zugangs zu Conditional-Access-Systemen den Wettbewerb in diesem Spezialmarkt herzustellen trachtete, wäre eine Bundeskompetenz denkbar.

Es gibt allerdings keine Anhaltspunkte dafür, daß der Markt für Conditional-Access-Systeme sich in einer Weise von dem Markt für andere Telekommunikationsdienstleistungen unterscheidet, die es rechtfertigt, hier neben dem bereits speziellen Wettbewerbsrecht des TKG weiter spezialisierte Regelungsrahmen zu schaffen. Schon der Umstand, daß der Bund hier versucht, aus einer allgemeinen Kompetenzzuweisung Spezialregelungen für ein Feld abzuleiten, dessen Regulierung eigentlich den Ländern obliegt, spricht gegen eine Zuordnung zu diesem Kompetenztitel. Selbst wenn man annimmt, daß eine Regelung auf diese Kompetenznormen gestützt werden könnte, wäre der Bundesgesetzgeber bei der Ausübung der Kompetenz durch den Grundsatz des länderfreundlichen Verhaltens insoweit gebunden, als er kein Regelungskonzept vorsehen darf, daß eine Regulierung durch die Länder konterkariert. Eine Regelung über Zugangsoffenheit erfordert immer eine Bewertung, nach welchen Kriterien Sachverhalte als gleich anzusehen sind, und welche Umstände eine Ungleichbehandlung gleicher Sachverhalte rechtfertigen (s.o. 2.1.4). Es ist oben gezeigt worden, daß hier wettbewerbsrechtliche und rundfunkrechtliche Kriterien nicht übereinstimmen müssen. Insofern ist eine parallele Regelung, die sich wechselseitig nicht beeinträchtigt, kaum denkbar.

---

151 Für eine Ableitung aus beiden Kompetenztiteln Gersdorf (Fn. 108), S. 145; vgl. auch BT-Drs. 13/7337, Anlage 3, S. 14.

Die Frage, welche Kriterien bei dieser Einordnung und der Abwägung zu Buche schlagen, muß von einem Gesetzgeber eindeutig vorgegeben werden. Insofern ist eine Kompetenzausübung durch den Bund – wenn man die Zuordnung zu einem Kompetenztitel unterstellt –, in Form von Zugangs- oder kartellrechtlichen Regelungen, die sich an wettbewerbsrechtlichen Regeln orientieren, wegen Verstoßes gegen das Gebot länderfreundlichen Verhaltens verfassungswidrig.

Anderer Ansicht ist in diesem Punkt offenbar Gersdorf, der die das System der Zugangskontrolle betreffenden § 7 FÜG und § 53 Abs. 1 RStV mit ihren jeweils spezifischen Regelungsbereichen und -zielen nebeneinander für anwendbar hält. Den Begriff der Chancengleichheit allerdings versteht er sowohl in § 7 FÜG als auch in § 53 Abs. 1 RStV als Gebot strikter Gleichbehandlung unter Ausschluß jeder wirtschaftlichen Differenzierung.[152]

Auch im Bereich der Regulierung der technischen Seite des Conditional Access besteht also eine Bundeskompetenz nur insoweit, als die technische Standardisierung betroffen ist. Kriterien für die Offenheitspflege oder kartellrechtliche Regelungen, die auf die Regulierung des mit dem Conditional Access verbundenen Einfluß auf Rezeptionschancen von Rundfunkinhalten abzielen, fallen in die Gesetzgebungszuständigkeit der Länder.

Soweit die Notwendigkeit besteht, auch weitere mit dem CA verbundene, nicht-technische Dienstleistungen zu regulieren (kundenbezogene Dienste), gelten für diese Dienste prinzipiell dieselben Argumente; d.h. Regulierung zugunsten kommunikativer Chancengleicheit (auch im Hinblick auf Programmanbieter) fällt grundsätzlich in die Regelungskompetenz der Länder.

### 3.2.2.3 Multiplexing und Paketbildung

Auch auf der Dienstleistungsebene, auf der die digitalen Programme zu Bouquets zusammengeschnürt werden, ist zwischen der technischen Seite und der Vermarktung zu differenzieren. Soweit zur Nutzung der Übertragungskapazitäten digitale Datenströme durch Multiplexing verbunden werden müssen, handelt es sich um eine Telekommunikationsdienstleistung, deren technische Seite unter die Regulierungskompetenz des Bundes gemäß Art. 73 Nr. 7 (u.U. auch Art. 87f Abs. 1) GG fällt. Auch hier ist bei der Definition technischer Standards im Rahmen des länderfreundlichen Verhaltens sicherzustellen, daß Regulierungskonzepte der Länder – z.B. solche, die darauf abzielen, regionalen Angeboten eine Verbreitungschance zu verschaffen – nicht gestört oder gar blockiert werden. Auch dabei sind Regelungen, die darauf abzielen, kommunikative Chancengleichheit bei der Verbreitung von Dien-

---

152  Vgl. Gersdorf (Fn.108), S. 149. Vergl. dazu auch Weisser, ZUM 1997, 887 (890), der mit Inkrafttreten des FÜG wegen des Vorrangs des Bundesrechts (Art. 31 GG) §53 Abs. 1 RStV als hinfällig ansieht.

sten, die verfassungsrechtlich Rundfunk darstellen (also auch Mediendiensten), nicht von dieser Bundeskompetenz umfaßt.

Werden beispielsweise in einer Regelung für Rundfunkdienste (im verfassungsrechtlichen Sinne, also einschließlich Mediendienste) bestimmte Bit-Raten vorgesehen oder bestimmte Verhältnisse von Bit-Raten geregelt, so handelt es sich dabei zugleich auch um die Regulierung einer telekommunikativen Übertragung. Hier kommt es zur Konkurrenz zweier spezieller Gesetzgebungskompetenzen, die nach den obgenannten Kriterien aufzulösen ist. Bedeutung hat dieser Regelungsaspekt primär für die Länder; während die Regulierung von Telekommunikationsdiensten durch eine Ausnahme bei Multiplexen im Prinzip nicht beeinträchtigt wird, kann ein Herausnehmen dieser Regulierung aus der Gesetzgebungszuständigkeit der Länder dazu führen, daß eine Regulierung im Bereich Digitalen Fernsehens verunmöglicht wird. Der Bund würde durch eine Regulierung von Multiplexing in dieser Hinsicht also modifizierend in die Spezialgesetzgebungskompetenz der Länder eingreifen. In diesem Falle spricht die o.g. Überlegung gegen eine Kompetenzausübung durch den Bund.[153]

Auch beim Multiplexing ist also zu differenzieren: Die technische Seite unterfällt der Gesetzgebungskompetenz des Bundes; soweit die Sicherstellung von Chancengleichheit bei der Übertragung verfassungsrechtlich als Rundfunk zu qualifizierender Dienste betroffen ist, ist die Gesetzgebungszuständigkeit der Länder gegeben.

### 3.2.2.4 Programmpaketvermarktung

Die Paketbindung im nicht-technischen Sinne, also die Zusammenstellung von Programmen zum gemeinsamen Angebot an den Rezipienten, kann einer Bundesregulierung nur mit Blick auf Art. 74 Abs. 1 Nr. 16 bzw. Nr. 11 GG zufallen. Die Zusammenstellung unterschiedlicher Programme zu einem Bouquet erscheint als die Verlängerung der Aufgabe, unterschiedliche Sendungen zu einem Programm zusammenzustellen, ins digitale Zeitalter. Sie ist eine originäre Aufgabe eines publizistisch verantwortlichen Veranstalters (der nicht der „verantwortliche Gestalter" der Einzelprogramme sein muß). Sie ist daher wie eine Rundfunkveranstaltung zu qualifizieren und fällt aus der gleichen Überlegung wie bei traditioneller Rundfunkveranstaltung im Hinblick auf die Regulierung zum Zwecke der Sicherung kommunikativer Chancengleichheit ausschließlich in die Zuständigkeit der Länder;[154] das

---

153  Vergl. dazu Weisser, ZUM 1997, 887 (886), der nur dann ausnahmsweise eine Landeskompetenz annimmt, wenn aufgrund von Kapazitätsknappheit die Entscheidungen des jeweiligen Dienstleisters über die Zusammensetzung des Datencontainers den Charakter einer rundfunkrechtlichen Auswahlentscheidung hätten.

154  A.A. Weisser, ZUM 1997, 887 (887 u. 897), der bei der Paketbildung nach informations- und nicht-informationsorientierten Programmangeboten unterscheidet und eine Kompetenz der Länder bezüglich der

GWB bleibt anwendbar, muß aber mit Blick auf die Länderkompetenz mit dem Ziel praktischer Konkordanz ausgelegt werden.

### 3.2.2.5 Contentproduktion und Rechtehandel

Eine zentrale, aber auch besonders problematische Rolle fällt der Produktion und Vermarktung von Content zu. Dieser Bereich stellt – auch schon vor Einführung Digitalen Fernsehens – eine eigenständige wirtschaftliche Station in der vertikalen Kette der Rundfunkproduktion dar. Die damit verbundenen wirtschaftlichen Vorgänge sind nicht etwa schon deshalb, weil sie Bedeutung für die Veranstaltung von Fernsehen haben, von der Regelungskompetenz der Länder umfaßt. Vielmehr fällt dieser Bereich unter die allgemeinen Regelungen des Kartell- und Wettbewerbsrechtes, die der Bund aufgrund Art. 74 Abs. 1 Nr. 11 und 16 GG erlassen hat. Ob der Bund die Kompetenz beanspruchen könnte, spezialgesetzliche Regelungen für diesen Wirtschaftsbereich zu erlassen, bedarf hier nicht der näheren Prüfung. Zu fragen ist aber, ob und in welchem Umfang die Länder berechtigt sind, mit dem Ziel, publizistische Chancenungleichheiten im Rundfunk auszugleichen, spezielle Regelungen für den Bereich der Contentproduktion und des Rechtehandels vorzusehen.[155] Dazu zählen auch Regelungen, die Unternehmen, die nicht selbst Veranstalter sind, unmittelbar Pflichten (etwa zur Auskunft) auferlegen.

Sofern die Regelungen am Rundfunkveranstalter ansetzen und dessen Einfluß auf die Rezeptionschancen in Abhängigkeit von seinen Aktivitäten im Rechte- und Produktionsmarkt miteinbeziehen, ist die Länderkompetenz unproblematisch gegeben (Regulierung vertikaler Integration aus Sicht der Veranstalter). Dies ergibt sich unmittelbar aus den Überlegungen, die spezielle Antikonzentrationsregeln im Rundfunkrecht neben denen des Wettbewerbsrecht legitimieren.[156] Sofern unmittelbar an andere Dienstleister im Bereich der Fernsehdistribution angeknüpft wird, oder der Filmproduzent bzw. Rechtehändler direkt einer Regulierung unterworfen wird, ist eine Gesetzgebungskompetenz der Länder neben der allgemeinen Zuständigkeit des Bundes für Wettbewerbsregelung nur zu legitimieren, wenn zu erwarten ist, daß sich Machtanballungen bilden können, die zu einem nicht publizistisch legitimierten Einfluß auf Rezeptionschancen von Inhalten führt und der nicht schon effektiv durch allgemeine kartellrechtliche Regelungen begegnet wird. Da nicht vorgeschlagen wird, derartige Regelungen zu schaffen, wird auf diese Möglichkeit vorliegend nicht weiter eingegangen.

---

Bündelung nicht-informationsorientierter Programmangebote (zielgruppenorientiertes Spartenfernsehen) ablehnt.
155  Vgl. Hoffmann-Riem (Fn. 145), S. 140 f. m.w.N.
156  Vgl. BVerfGE 73, 118 (173 f.); Hoffmann-Riem (Fn. 145), S. 74 ff.

## 3.3 Ausgewählte materielle Probleme der Zugangschancensicherung

### 3.3.1 Notwendigkeit und Ansatzpunkt von Sonderregelungen

Die folgenden Überlegungen greifen bestimmte Problemlagen auf, die durch die Einführung Digitalen Fernsehens in den Blick gekommen sind. Bereits oben wurde darauf hingewiesen, daß viele Probleme nicht auf Digitales Fernsehen beschränkt sind, sondern ebenfalls etwa bei Mediendiensten auftreten können. Auch bei analoger Übertragung sind – bis auf Multiplexing – alle genannten Dienstleistungsstufen denkbar, so auch Navigatoren, die beispielsweise in Fortentwicklung von Videotext entstehen.[157] Bei der Formulierung von Regeln sollte daher möglichst nur die Problemlage, nicht eine konkrete Technik reguliert werden.

Des weiteren sollte die Regelung so erfolgen, daß unterschiedliche Entwicklungsszenarien normzieladäquat bearbeitet werden können. So spielt heute Pay-TV für die Rezeptionschance bestimmter Inhalte eine völlig untergeordnete Rolle, so daß eine Regulierung von Programmpaketen als offene Plattformen unnötig erscheint; sollte sich die Medienlandschaft so verändern, daß nur noch Pay-TV angeboten wird, erhielten die Vermarkter von Programmpaketen eine zentrale Rolle, die stärkere regulatorische Eingriffe rechtfertigen könnte.

### 3.3.2 Multiplexing

Das Multiplexing stellt – wie oben skizziert – eine inhaltsneutrale, technische Dienstleistung dar. Unabhängig davon, welcher Rundfunkbegriff im Rahmen von Artikel 5 Abs. 1 zugrunde gelegt wird, wird diese technische Dienstleistung nicht unmittelbar in den Gewährleistungsbereich der Rundfunkfreiheit inkludiert. Es besteht allerdings weitgehend Einigkeit, daß auch an sich inhaltsneutrale Dienstleistungen unter den Schutzbereich der Medienfreiheiten fallen, wenn sie vom Grundrechtsträger selbst unternehmensintern betrieben werden oder aber, wenn sie unternehmensextern erbracht werden, aber eine spezifische Nähe zur massenmedialen Vermittlung besitzen, die das Bundesverfassungsgericht in seiner Presse-Grosso-Entscheidung ausgeführt hat.[158] Dieser in der Presse entwickelte Gedanke ist nach überwiegender Auffassung auf technische Dienstleistungen im Rundfunkbereich übertragbar.[159] Damit

---

157  Vgl. etwa den NexTView-Standard.
158  Vgl. BVerGE 77, 346 (354 f.): Die Tätigkeit ist typischerweise medienbezogen, erfolgt in organisatorischer Bindung an die Medien und ist für das Funktionieren freier massenmedialer Vermittlung notwendig, so daß auch staatliche Regulierung dieser Tätigkeit zugleich einschränkend auf die Meinungsverbreitung auswirkt.
159  Vgl. statt vieler Gersdorf, Chancengleicher Zugang zum Digitalen Fernsehen, S. 70 ff. mit weiteren Nachweisen (insbesondere Fn. 146).

fällt auch das Multiplexing in den Gewährleistungsbereich der Rundfunkfreiheit, soweit der Multiplex-Betreiber Einfluß auf das Ob und Wie der Übertragung von Rundfunk hat. Dies ist insbesondere dann der Fall, wenn die technische Bündelung Vorentscheidungen für die Verbreitung im Kabel setzt, solange nicht etwa an allen Kabelkopfstationen eine Entbündelung durch Demultiplexing möglich ist. Auch eine Diskriminierung von Rundfunkprogrammen – mit Auswirkungen auf ihre Rezeptionschancen – durch das Bitratenmanagement des Betreibers ist denkbar. Hier für Zugangschancengerechtigkeit zu sorgen, gehört zum Gewährleistungsauftrag an den Gesetzgeber.[160]

### 3.3.3  Conditional Access

Ähnliches wie für das Multiplexing gilt auch für die Dienstleistung des Conditional Access. Daß auf dieser Stufe Zugangsoffenheit hergestellt werden muß, ist weitgehend unstrittig, so daß auf weitere Erörterungen verzichtet werden kann.[161] Der Streit rankt hier – wie oben dargestellt – hauptsächlich um die Frage, ob Bund oder Länder zur Umsetzung der europarechtlichen Vorgaben in Bezug auf die Sicherung von Zugangschancengerechtigkeit bei Conditional Accesss berufen sind. Ein Problembereich wird in der Diskussion allerdings bislang vernachlässigt: So hat die obige Analyse gezeigt, daß bei Conditional Access zwischen technischen und kundenbezogenen Dienstleistungen zu differenzieren ist. Vor dem Hintergrund der ökonomischen Analyse, die in der Schaffung von Conditional Access-Infrastruktur einen entscheidenden Kostenfaktor und damit ein Marktzutrittshindernis für Newcomer ausgemacht hat, sowie der Erfahrungen, die in Großbritannien der Regulierung von Conditional Access zugrunde liegen, ist damit die Notwendigkeit eines Unbundeling unabdingbar. Der Eintritt von Newcomern in einen Markt, der von einem oder wenigen Conditional-Access-Standards dominiert wird, kann nur dadurch erreicht werden, daß dem neuen Anbieter die Wahl bleibt, welche Dienstleistungen er vom Conditional-Access-Anbieter beanspruchen will. So können Kostengründe dafür sprechen, das Kundenmanagement auch dem Conditional-Access-Anbieter zu überlassen, während Gründe des Schutzes der eigenen Marketingdaten dafür sprechen können, gerade diese Funktionen eigenständig ausfuhren zu können. Für letztere Option benötigt der neue Anbieter alle Informationen, die für eine eigenständige Erbringung dieser Dienstleistung erforderlich sind. Auch dies muß zu angemessenen und nicht diskriminierenden Bedingungen gewährleistet werden.

---

160  Ebenso Gersdorf, Chancengleicher Zugang zum Digitalen Fernsehen, S. 73; kritisch Weisser, ZUM 1997, 877 (884).
161  Vgl. Gersdorf, Chancengleicher Zugang zum Digitalen Fernsehen, S. 69 ff. mit weiteren Nachweisen.

### 3.3.4 Paketbildung und Programmfreiheit?

In Großbritannien zeichnen sich Probleme bei der Etablierung Digitalen Fernsehens ab, die der Gegensteuerung durch die Aufsichtsbehörden bedürfen können. Dazu gehört die Bündelung von Pay-TV-Angeboten sowie die Frage der Festsetzung von Preisen für Dienstleistungen Digitalen Fernsehens. Daher soll an dieser Stelle noch einmal der Blick über den Ärmelkanal gelenkt werden. Im Bereich der Bündelung von Pay-TV-Angeboten sah die ITC im Frühjahr 1998 Handlungsbedarf.[162] Sie hat bereits mehrfach zu diesem Thema Stellungnahmen eingeholt. Die TK-Regulierungsbehörde OFTEL hat allerdings in diesem Anhörungsverfahren deutlich gemacht, daß sie derzeit kaum Regelungsbedarf sieht. Die ITC hat nach Sichtung empirischer Fakten und auf der Grundlage internationaler Vergleiche ihre Position beibehalten, daß in diesem Feld Regulierung erforderlich ist, um die Auswahlfreiheit der Rezipienten zu sichern. Der ITC schweben Regelungen vor, die:

– verhindern, daß Anbieter mit den Verbreitern Verträge schließen, die es den Verbreitern unmöglich machen, einzelne Programme oder selbst zusammengestellte Programmbouquets anzubieten;
– sicherstellen, daß Premium-Bouquets nicht nur in Abhängigkeit von der Bestellung bestimmter Basis-Pakete erhältlich sind;
– bestimmen, daß mehrere Premium-Bouquets nur gebündelt vermarktet werden dürfen, wenn die Bouquets auch einzeln erhältlich sind.

Zur Begründung führt die ITC die empirische Beobachtung an, daß viele Kunden die Mehrzahl der Basis-Bouquets überhaupt nicht oder nur gering nutzen, daß sie also gezwungen sind, diese Bouquets zu buchen, obwohl sie sie gar nicht sehen wollen. Auch Eingaben von Zuschauerverbänden bestätigen die ITC in dieser Auffassung. Die ITC hat darüber hinaus den Pay-TV-Markt in den USA und anderen europäischen Staaten mit dem in Großbritannien verglichen und dabei festgestellt, daß der Kunde in Großbritannien gezwungen ist, mehr Basis-Bouquets zu buchen, bis er ein Premium-Bouquet erhalten kann, als anderswo.

Die Frage des Wechsels unterschiedlicher Programme zwischen unterschiedlichen Bouquets wurde von der ITC ebenfalls als Problem für die Wahlfreiheit der Rezipienten untersucht; allerdings ergab sich dabei keine zwingende Notwendigkeit für regulatorische Eingriffe und auch das Problem,

---

162 Vgl. ITC, „ITC Consults on Remedies to Anti-competitive Channel Bundling Practices". Document: „Competition Investigation into Chanel Bundeling in the Retail Pay-TV Market", April 1998 (http://www.itc.org.uk/).
Vgl. weiterhin dazu OFTEL, Culture, Media and Sport Committee Inquiry Into Audio-Visual Communications and the Regulation of Broadcasting: „Beyond the Telephone, the Television and the PC – III" OFTEL's Second Submission, März 1998 (http://www.oftel.gov.uk/broadcast/dcms398.htm) ; Digital Television and Interactive Services: „Ensuring Access on Fair, Reasonable and Non-discriminatory Terms" Consultative Document, März 1998 (http://www.oftel.gov.uk/broadcast/ dig398.htm).

durch Regulierung Programmschemata der Veranstalter zu beeinflussen, spricht aus Sicht der ITC gegen Aktivitäten in diesem Bereich. Das Augenmerk von OFTEL liegt im Bereich der kurzfristigen Regulierung bei der Preiskontrolle für Dienstleistungen Digitalen Fernsehens. OFTEL ist bemüht, Kriterien herauszuarbeiten, nach denen bemessen werden kann, ob ein festgesetzter Preis einen Mißbrauch wirtschaftlicher Macht darstellt. Dabei ist OFTEL bestrebt, die Preiskontrolle wettbewerbsneutral zu organisieren, also zu verhindern, daß die Regulierung prinzipiellen Einfluß auf die Stellung der Konkurrenten im Markt hat. Als Probleme stellen sich dabei insbesondere Quersubventionen dar, die ein Anbieter, der auf mehreren Diensteebenen tätig ist, vornehmen kann. OFTEL vertritt die Auffassung, daß es einem Diensteanbieter möglich sein muß, beispielsweise Subventionierungen von Geräten zur Markteinführung vorzunehmen und in der Folge Dritte, die ebenfalls diese Dienstleistung nutzen wollen, durch höhere Gebühren als diejenigen, die dem eigenen Inhalteangebot auferlegt werden, an dieser Anfangsinvestition zu beteiligen. Allerdings darf durch diese Preispolitik nicht der Zutritt Dritter in den Markt auf unfaire Weise behindert oder gar verhindert werden.

Für OFTEL stellt sich die Lage im Bereich Digitalen Fernsehens parallel mit der im Bereich interaktiver Dienste dar; Hintergrund ist, daß in Großbritannien BIB neben dem Angebot von BSkyB auch interaktive Dienste anbieten möchte.

Fragen dieser Art werden sich auch in Deutschland stellen, da die Entwicklung technischer Dienstleistungen wie Entwicklung und Vermarktung von Set-Top-Boxen, aber auch die Finanzierung von Multiplexing- bzw. Demultiplexing-Anlagen häufig durch Inhalteanbieter vorfinanziert werden wird, so daß sich in der Folge die Frage stellt, zu welchen Konditionen Dritte, die das Anfangsrisiko nicht mitgetragen haben, beteiligt werden können.

Die Bildung von Bouquets als eigenständige Dienstleistung – in Abgrenzung zum Betrieb der technischen Plattform – ist in der Fachdiskussion erst spät in den Blick genommen worden. Auch der Gesetzgeber hat offenbar dieses Phänomen noch nicht vollständig in sein Regelungskonzept integriert; dafür spricht zumindest, daß bei § 53 Abs. 3 RStV-E für Interpreten unklar bleibt, ob und inwiefern die Bouquetbildung von der Norm erfaßt wird (s.o. 3).[163] Die Zusammenstellung von Programmbouquets zur Vermarktung stellt eine Tätigkeit dar, die der des Veranstalters ähnelt; sie kommt ihm nicht gleich, weil das Rundfunkrecht bislang davon ausging, daß der Veranstalter nicht lediglich auswählt, sondern auch nennenswerte Anteile selbst produziert. Eine Annahme, deren Haltbarkeit auch für den traditionellen Anbieter analogen Fernsehens zunehmend fragwürdig wird. Vom Anbieter von Pro-

---

163 Vgl. die Interpretation von Gersdorf (Fn.108) , S. 163 ff, 167.

grammbouquets wird dies nicht mehr erwartet. Die Auswahl von Programmen für ein Bouquet zum Angebot an die Rezipienten unterfällt der Programmfreiheit des Art. 5 Abs. 1 Satz 2 GG[164], nimmt aber in analoger Weise auch am Ausgestaltungsauftrag der Rundfunkfreiheit teil. Eine Verpflichtung zur Aufnahme in ein Programmpaket kommt als erheblich belastende Maßnahme nur in Betracht, wenn dies zur Erreichung des Normziels erforderlich erscheint; dies wird man zumindest dann annehmen können, wenn eine marktbeherrschende Stellung vorliegt. In diesen Fällen wären auch über § 53 Abs. 3 RStV-E Bindungen von Verfassungs wegen hinzunehmen. Zudem bestehen keine Bedenken, bei Vorliegen entsprechender Gefährdungslagen für die kommunikative Chancengleichheit Sicherungsmechanismen vorzusehen, wie sie bei Programmangeboten möglich sind (vgl. §§ 26 Abs. 4; 31 RStV; s. dazu unten 4).

Auf der anderen Seite heißt dies nicht, daß das Angebot von Bouquets aus bereits zugelassenen Programmen – derzeit – selbst von Verfassungs wegen einer Vorabzulassung bedarf.[165] Allerdings ist dies nur solange entbehrlich, wie der Einfluß der Programmzusammenstellung auf die Rezeptionschance bestimmter Inhalte zu vernachlässigen ist. Dies kann sich bei stärkerer Verbreitung von Pay-TV rasch ändern. Der Gesetzgeber könnte dies präventiv schon jetzt vorsehen.

Insgesamt wird eine Beurteilung der kommunikativen Bedeutung der Zusammenstellung von Inhalten und damit Notwendigkeit und Berechtigung bestimmter Regulierungen dadurch erschwert, daß – jenseits der Gatekeeperfunktion – wenig Erkenntnisse darüber vorliegen, welche Bedeutung die „Verpackung" in Form von Programmen und Programmbündeln für den Rezipienten hat.[166]

### 3.3.4.1 Programmpaketbildung durch Kabelbetreiber

Anders als in anderen Staaten – namentlich den USA – waren Kabelbetreiber in Deutschland bislang reine Transporteure der TV-Signale, nicht viel anders als Satellitenbetreiber und Betreiber terrestrischer Sendeanlagen. In der Folge waren sie auch nur insoweit Gegenstand rundfunkrechtlicher Regulierung, als es galt, die Anforderungen durchzusetzen, die in bezug auf die Rundfunkveranstalter bestehen, also etwa bei Knappheit den Vorrang der Einspeisung zu bestimmen und festzulegen, in welchen Fällen eine bevorzugte Weiterverbreitung und in welchen eine orginäre Zulassung für den Veranstalter erforderlich ist. Da nun die ökonomische Analyse ergeben hat, daß eine Ausweitung des Programmangebots durch Digitalisierung nur dann

164   Vgl. Gersdorf (Fn. 108), S. 65, 164 f.
165   So auch Gersdorf (Fn. 108), S. 169.
166   Vgl. für die USA Leshner/Reeves/Nass, Switching Channels: The Effects of Television Channels on the Mental Representation of Television News, Journal of Broadcasting and Electronic Media 1998, 21 ff.

möglich erscheint, wenn als Finanzierungsform verstärkt Pay-TV in den Vordergrund rückt, erhalten die Kabelbetreiber naturgemäß eine besondere Position. Denn im Gegensatz zu den anderen Betreibern von Übertragungswegen verfügen sie über eine Beziehung zum Endkunden, die für den Vertrieb von Programmen und technischer Infrastruktur (Decoder) genutzt werden kann. Es liegt daher auf der Hand, daß es nicht ausreichen kann, die bestehende Kabelregulierung ins digitale Zeitalter fortzuschreiben. Vielmehr müssen die Regelungen die potentielle neue Rolle der Kabelbetreiber miteinbeziehen und das Konzept so ausgestalten, daß die Regelungen über die Programmpaketbildung und diejenigen, die die Verbreitung über das Kabel zum Inhalt haben, aufeinander abgestimmt sind. Soll eine Plattformkonkurrenz erreicht werden – und dies ist im Hinblick auf kommunikative Chancengleichheit anzustreben – so müssen die Regelungen die besondere Lage von Kabelbetreibern berücksichtigen, die auch Programmpakete vermarkten.

Die Tatsache, daß die (Weiter-)verbreitung in Kabelanlagen in bezug auf die Rolle des Kabelbetreibers wenig Probleme aufwarf, z.T. wegen seiner reinen Transportfunktion, z.T. weil die Aufgabe vor der Liberalisierung von der an den Grundsatz des bundesfreundlichen Verhaltens gebundenen Bundespost durchgeführt wurde, schlägt sich auch in einer vergleichsweise wenig tiefen Auseinandersetzung in der juristischen Literatur über die Rolle der Kabelbetreiber im Rundfunkrecht nieder. Ein Blick auf die verfassungsrechtliche und rundfunkrechtliche Stellung der Betreiber erscheint erforderlich, bevor auf Konsequenzen für den Handlungsspielraum des Gesetzgebers eingegangen wird.

### 3.3.4.1.1 Verfassungsrechtliche Stellung der Betreiber von Breitbandkabelanlagen in der rundfunkrechtlichen Diskussion

Die Besonderheit des Übertragungsweges Kabel führt schon auf verfassungsrechtlicher Ebene zu Einordnungsschwierigkeiten. Im Gegensatz zu den anderen Übertragungswegen findet sich beim Kabel keine eindeutig physische Trennung in Sender und Empfänger. Dies kann – abhängig von dem Verständnis, daß dem Gewährleistungsgefüge von Art. 5 GG zugrunde gelegt wird – zu Schwierigkeiten bei der verfassungsrechtlichen Einordnung führen. Denn greift der Staat regulierend in den Empfang von kommunikativen Inhalten ein, so sind diese Maßnahmen (auch dies hängt allerdings wieder vom Grundrechtsverständnis ab, zu den verschiedenen Ansichten siehe sogleich) an den Schranken des Art. 5 Abs. 2 GG zu messen, mit der Folge, daß sich der Gestaltungsspielraum des Gesetzgebers gegenüber Maßnahmen, die die Rundfunkordnung ausgestalten, verringert. Die Frage der Kabelregulierung ist daher ein neuralgischer Punkt für die Beurteilung der Rundfunkregulierung überhaupt. Dieses Problem tritt natürlich dann in den Vordergrund, wenn die Kabelbetreiber ihre Rolle als neutrale Vermittler aufgeben und

Spielräume nutzen, die ihnen Einfluß auf die beim Rezipienten empfangbaren Inhalte geben. Welche Spielräume der Gesetzgeber bei der Eröffnung solcher Möglichkeiten für Kabelbetreiber hat, wird in der Literatur unterschiedlich beurteilt.

Laut Gersdorf treten die oben angedeuteten verfassungsdogmatischen Probleme nicht auf, da Regelungen, die die Rundfunkfreiheit in verfassungsrechtlich unbedenklicher Weise ausgestalten, grundsätzlich nicht das Grundrecht der Rundfunkfreiheit verletzen können.[167] Ausgestaltungsregelungen zielen diesem Verständnis folgend stets auf eine Versorgung der Bevölkerung mit einem ausgewogenen und vielfältigen Rundfunkangebot. Diese umfassende Versorgung ist dann widerum Voraussetzung für eine Effektuierung des Grundrechts der Informationsfreiheit. Die durch die Rundfunkgarantie vermittelte kommunikative Chancengleichheit erscheint so als kommunikationsbezogene Ausprägung des rechtsstaatlich notwendigen Minderheitenschutzes, der auch gebietet, bei der Belegung der Kabelkapazitäten nicht ausschließlich nach Maßgabe der Interessen der Mehrheit von Kabelkunden vorzugehen. Daher sind für Gersdorf Must-Carry-Rules unverzichtbares Korrelat einer Zuerkennung wirtschaftlicher Bewegungsspielräume der Kabelnetzbetreiber bei der Belegung ihrer Netze.[168] Im grundrechtlichen Gewährleistungsgefüge sieht er die Kabelnetzbetreiber als „Wanderer" zwischen den Welten Telekommunikations- und Rundfunkfreiheit.[169] Soweit die Kabelnetzbetreiber Programmpakete eigenständig und anhand publizistischer Maßstäbe zusammenstellen, aber auch in ihrer Funktion als „Transporteure" von Rundfunkprogrammen unterfallen sie der Rundfunkgarantie des Art. 5 Abs. 1 Satz 2 GG. Ihnen diesen publizistischen Spielraum einzuräumen, ist laut Gersdorf nicht verfassungsrechtlich geboten, steht aber dann auch nicht im Widerspruch zur Verfassung, wenn beachtet wird, daß die Netzbetreiber sich mit dieser Betätigung im Gewährleistungsbereich der Rundfunkfreiheit bewegen, in dem der von Gersdorf geprägte Grundsatz „Dienen statt Verdienen" charakteristisch ist.[170] Soweit Grundrechte von Netzbetreibern aus Art. 12 Abs. 1 und 14 Abs. 1 GG betroffen sind, wird die Regulierung nach Auffassung Gersdorfs typischerweise gerechtfertigt sein. Dies folgt aus der rechtlichen und faktischen Monopol- bzw. Oligopolstellung der Betreiber, die eine künstliche Verknappung der technischen Übertragungsressourcen und damit einhergehend eine Verringerung der Auswahlmöglichkeiten des Nachfragers bewirkt. Man wird daher von einer gesteigerten Sozialbindung des Netzeigentümers ausgehen können.[171]

---

167  Vgl. Gersdorf, Gutachten, S. 83 f.; Fn. 177.
168  Ebd. S. 86; Fn. 179.
169  Ebd. S. 97 f.
170  Ebd. S. 99.
171  Ebd. S. 94.

Aus diesen verfassungsrechtlichen Vorgaben folgert Gersdorf, daß den Kabelbetreibern zumindest teilweise ein Bestimmungsrecht über die einzuspeisenden Programme eingeräumt werden kann. Die Dispositionsbefugnis der Kabelbetreiber findet bei dieser Argumentation zumindest dort seine verfassungsrechtliche Grenze, wo Grundversorgungsprogramme betroffen sind; bei diesen handele es sich immer um Must-Carry-Programme (allerdings sind damit nicht alle Pakete, die öffentlich-rechtliche Veranstalter anbieten, als Must-Carry einzustufen).[172] Jenseits der Grundversorgung gilt dieser Auffassung folgend der Grundsatz der Chancengleichheit zwischen privaten und öffentlichen Programmveranstaltern. Um sie zu sichern, ist es erforderlich, die Pakete öffentlich-rechtlicher, aber auch privater Veranstalter in ihre Einzelprogramme zu zerlegen. Durch die Befugnis, Programmpakete „aufzuschnüren" wird zwar die Programmautonomie der Veranstalter tangiert, dies ist aber nach Gersdorf durch die Notwendigkeit, kommunikative Chancengleichheit herzustellen, gerechtfertigt.[173]

Ähnlich wie Gersdorf, aber noch nicht mit Blick auf digitale Verbreitung, lösen auch andere – so etwa Stettner – die grundsätzlichen Einordnungsprobleme im Rahmen des Gewährleistungsgefüges von Art. 5 GG, die bei der Beurteilung von Kabelbetreibern entstehen.[174] Der Zusammenhang des Grundrechts der Rundfunkfreiheit mit dem der Informationsfreiheit führt dazu, daß bei Regulierungsmaßnahmen, die auch die Informationsfreiheit betreffen, zur verfassungsrechtlichen Rechtfertigung dieselben Maßstäbe gelten, die auch für die Ausgestaltung der Rundfunkfreiheit vom Bundesverfassungsgericht zugrunde gelegt werden. Auch die Informationsfreiheit hat in dieser Lesart eine objektiv-rechtliche Dimension, die eine Ausgestaltung dieser Freiheit vergleichbar der Rundfunkfreiheit zuläßt.[175]

Zu einer zumindest graduell anderen Einstufung der Rechtsstellung von Kabelbetreibern gelangt man, wenn man mit Bullinger und Engel davon ausgeht, daß Kabelanlagen dann, wenn sie bereits ortsüblich empfangbare (terrestrisch oder per Satellit) Programme zum Nutzer transportieren, wie Gemeinschaftsantennenanlagen zu betrachten sind. Damit erscheinen Regulierungen, die die Belegung von Kabelplätzen im Hinblick auf diese Programme zum Inhalt haben, als Eingriffe in die Informationsfreiheit, die von den genannten Autoren nicht als ausgestaltungsfähig angesehen wird. Kabelunternehmen stehen dann als „Antennen-Service-Unternehmen" gewissermaßen im Dienst der Kabelteilnehmer und ihrer Empfangsfreiheit.[176] Regulierung muß nach

---

172  Ebd. S. 109.
173  Ebd. S. 111 f.
174  Stettner, Der Kabelengpaß, 1997, S. 34 ff.; ders., Die Rechtspflicht der Landesmedienanstalten zur Kabelbelegung, 1998, S. 30 ff.
175  Ders., Rechtspflicht, S. 60 f.
176  Vgl. M. Bullinger, Verbreitung digitaler Pay-TV-Pakete in Fernsehkabelnetzen, ZUM Sonderheft 1997, 281, 300 ff.

diesem Verständnis also auf der einen Seite die Empfangsfreiheit der Rezipienten berücksichtigen, auf der anderen Seite aber auch den chancengleichen Zugang der Veranstalter zu den Kabelnetzen im Blick behalten; denn auf der Einspeisungsseite unterfallen die Kabelanlagen auch nach Bullinger und Engel dem Regelungsregime des Rundfunkrechts.[177] Ein Vertriebsmodell, nach dem Kabelbetreiber Programmpakete selbst zusammenstellen können, wird nach Bullinger diesen verfassungsrechtlichen Kriterien gerecht, wenn es an den Wünschen der Kabelteilnehmer orientiert ist, allen Programmanbietern zu chancengleichen Bedingungen offensteht und einen angemessenen Minderheitenschutz bietet. Das Ziel der Liberalisierung der Telekommunikation auch im Bereich von Breitbandkabelanlagen führt dazu, daß das Rundfunkrecht gehalten ist, Kabelbetreibern die Möglichkeit zu schaffen, ihre Investitionen in das Kabelnetz durch Vermarktung von Programmpaketen auf eigene Rechnung zu ermöglichen.[178]

### 3.3.4.2 Folgerungen für das Regelungskonzept

Die dargestellen Positionen machen zunächst deutlich, daß eine verfassungsrechtliche Bewertung von Regulierung, die die Handlungsmöglichkeiten von Kabelbetreibern betrifft, nur abhängig von der jeweils betroffenen, konkreten Tätigkeit des Betreibers vorgenommen werden kann. Legt man den obigen verfassungsrechtlichen Ansatz zugrunde, so rücken Kabelbetreiber, sobald sie auch nur einen Teil der über ihr Netz verbreiteten Programme eigenverantwortlich auswählen, vom Bild eines Gemeinschaftsantennenbetreibers ab. In diesem Falle nehmen sie, wie auch Gersdorf betont, an der Ausgestaltung der Rundfunkfreiheit teil, so daß insoweit Beeinträchtigungen ihrer Position nicht an den Schranken der Grundrechte aus Art. 12 oder 14 GG zu messen sind, sondern sich als verfassungskonforme Ausgestaltungsregelungen legitimieren müssen. Dem Gesetzgeber obliegt es, die in der neuen Kommunikationslandschaft stehenden Gebilde entsprechend den verfassungsrechtlichen Vorgaben zu ordnen; ob er Kabelbetreiber in der Weise mit einbezieht, daß sie derartige Einflußmöglichkeiten erhalten, bleibt ihm überlassen. Da aber – wie die obigen ökonomischen Überlegungen zeigen – nur dies einen Wettbewerb technischer Plattformen befördern oder überhaupt erst möglich machen kann, streiten verfassungsrechtliche Überlegungen dafür, diese Option zu ergreifen, ohne aber eine anders lautende Entscheidung des Gesetzgebers verfassungswidrig erscheinen zu lassen.

Durch die Möglichkeit, daß unterschiedliche Veranstalter Programmpakete zusammenstellen können, die auch Programme anderer Veranstalter, die wiederum in anderen Programmpaketen vermarktet werden, enthalten, ent-

---

177 Vgl. Bullinger, ebd. S. 303; Ch. Engel, Kabelfernsehen, Baden-Baden 1996, S. 56.
178 Ebd. S. 307.

steht ein neues Ausgestaltungsproblem. Dies betrifft keineswegs nur – wie die medienpolitische Diskussion nahelegt – die Paketbildung durch Kabelbetreiber. Die Frage, ob der Vermarkter eines Programmpaketes andere Pakete aufschnüren und in sein neues Paket übernehmen darf, stellt sich für jeden Paketbetreiber. Der Gesetzgeber hat diese Frage am Ziel der Ausgestaltung (also vor allem der Zugangschancensicherung auf allen Stufen) zu lösen. Dabei spricht – entgegen der offenbar von Gersdorf vertretenen Position – wenig dafür, ein solches Recht auf Entbündelung von Programmpaketen aus der Verfassung abzuleiten. Eine Vermarktung in Programmpaketen kommt ohnehin nur mit Zustimmung des Programmveranstalters in Betracht. Ein Entbündelungsgebot hieße praktisch, Exklusivvereinbarungen in bezug auf die Vermarktung in Paketen für alle Programme zu untersagen. Warum ein derartiges Verbot aus Gründen der Zugangschancensicherung optimierend wirken soll, ist – vorbehaltlich eingehender verfassungsrechtlicher Prüfung – nicht ersichtlich.

Überlegungen zur Optimierung der Zugangschancengerechtigkeit greifen allerdings nicht nur auf der Ebene unterschiedlicher Programmpakete. Vielmehr ist sie auch in bezug auf die Regulierung unterschiedlicher Übertragungswege zu beachten. Besondere Regelungen für die Verbreitung über Kabel erscheinen nur dann im Hinblick auf die Ziele des Art. 5 Abs. 1 Satz 2 GG vorteilhaft, wenn dadurch wiederum die Zugangschancen – sei es in bezug auf die unterschiedlichen Teilnehmer, sei es auf unterschiedliche Paketvermarkter oder Programmanbieter – gerechter ausgestaltet werden. Bei diesen Überlegungen kann hineinspielen, daß Betreiber bestimmter Typen von Übertragungswegen (also eben das Kabel) auf einer anderen Stufe (Programmpaketvermarktung) für mehr Wettbewerb sorgen können, so daß das Diskriminierungsrisiko einzelner Programmveranstalter beim Zugang zu Programmpakten vermindert wird.

Bislang noch schwer zu beurteilen ist die Frage, welche Betreiber überhaupt Gegenstand der Regulierung sein sollen. Gerade angesichts der o.g. Entwicklungen im Bereich ADSL kann es zukünftig schwierig sein zu bestimmen, wer Betreiber eines „Fernsehkabelnetzes" ist. Darauf kann hier nicht weiter eingegangen werden. Zumindest muß der Gesetzgeber ins Kalkül ziehen, daß Kabelsysteme mit völlig unterschiedlichen Kapazitäten zu regulieren sind und die Einheit „Kanal" an Bedeutung verliert, so daß eine Kapazitätszuweisung sinnvoller erscheint.

Vor diesem Hintergrund erscheint es zumindest nicht verfassungsrechtlich zwingend, die Regelungen für Programmpaketvermarktung und für Kabelbelegung einander anzugleichen, sei es durch Übernahme der Kriterien aus § 52 in die Regelungen über Programmpaketvermarktung, sei es für den umgekehrten Weg.

Soweit § 53 Abs. 3 RStV-E die Bildung von Programbouquets dem Anbieter überläßt, solange er (als Marktbeherrscher) die Chancengleicheit bei Zugang Dritter wahrt, besteht kein Wertungswiderspruch zur noch vergleichsweisen intensiven Regulierung der Kabelbelegeung in § 52 RStV-E. Jeder Paketanbieter – sei es ein Kabelbetreiber oder ein Dritter – muß zum Vertrieb im Kabel durch das „Nadelöhr" des § 52 RStV-E. Voraussetzung ist allerdings, daß auch konkurrierende Verbreitungswege (also insbesondere die Terrestrik bei DVB-T) einer § 52 RStV-E anlogen Regulierung unterworfen sind; sonst entsteht ein Schieflage zulasten der Kabelverbreitung, die sachlich nicht gerechtfertigt ist. Zu überlegen wäre allerdings, ob eine Lockerung der Bindungen des § 52 RStV-E angestrebt werden sollte, um einen Anreiz für Kabelbetreiber zu schaffen, als Konkurrenten zu anderen Programpaketeanbietern aufzutreten und dafür möglicherweise auch die BK-Netze weiter auszubauen.

### 3.3.5 Navigatoren: Verschränkung von Konzentrationskontrolle und Zugangschancensicherung bei Dienstleistungen Digitalen Fernsehens

Wie bereits oben dargestellt, dienen Regelungen zur Zugangschancensicherung und solche zur Konzentrationskontrolle dem selben Ziel: kommunikative Chancengleichheit herzustellen. Vor dem Hintergrund der faktischen – insbesondere ökonomischen – Situation muß der Gesetzgeber also entscheiden, welche Dienstleistungen in Form einer offenen Plattform angeboten werden müssen, und bei welchen Wettbewerb auch inhaltlicher Art möglich erscheint, der aber einer spezifischen rundfunkrechtlichen Absicherung bedarf.

In dieser Hinsicht unzureichend ist der § 53 Abs. 2, der Regelungen zu Navigatoren nicht weitergehend und präziser faßt als in der ursprünglichen Staatsvertragsfassung. Die Formulierung des Abs. 2 ist bislang unklar. Er soll offenbar nur für die sogenannten Basis-Navigatoren gelten, den Standardnavigator also, der von einem Plattformanbieter zur Auswahl zur Verfügung gestellt wird.[179] Dafür spricht die Formulierung, daß es um Navigatoren gehen soll, die die Steuerung von „allen über das System angebotenen Dienste" geeignet sind. Versteht man die Vorschrift in diesem Sinne, so ergeben sich in zwei Hinsichten Lücken, bei denen zu prüfen wäre, ob der Gesetzgeber nicht auch zu Regelungen von Zugangsoffenheit oder aber zumindest der Konzentrationskontrolle verpflichtet wäre. Zum einen werden Navigatoren nicht erfaßt, die andere als der Plattformanbieter zur Verfügung stellen, und die die Steuerung von Programmen außerhalb des eigenen Bouquets (seien es Teile oder seien es wiederum alle anderen Programme) ermöglichen. Zum anderen wird der Bereich der von Dritten angebotenen Navigatoren nicht berücksichtigt. Hier kommen sowohl Systeme in Betracht, die als breitbandi-

---

179  So auch Gersdorf (Fn.108), S. 161 f.

ge Dienste oder Teile von solchen Diensten angeboten werden, als auch solche, die schmalbandig als Online-Dienste zum Abruf bereitstehen[180].

Die Folge der Nicht-Regelung – oder aber zumindest nicht eindeutigen Einbeziehung in die Regelungen des Rundfunkstaatsvertrages – ist, daß solche Dienste typischerweise als Mediendienste im Sinne des Mediendienstestaatsvertrages einzustufen sein werden, es sei denn, ihnen kommt selbst der Charakter einer Darbietung zu, so daß sie selbst Rundfunkdienste darstellen. Die Folge der Einstufung als Mediendienst wäre, daß Zulassung oder Anmeldung nicht erforderlich wären, und so weder materielle noch prozedurale Instrumente zur Kontrolle der Anbieterdienste zur Verfügung stehen. Hier besteht nach dem oben Gesagten ein gesetzgeberisches Defizit, da auch von diesen Navigationssystemen, die nicht vom Plattformanbieter selbst zur Verfügung gestellt werden, ein diskriminierender Effekt in bezug auf andere Rundfunkanbieter möglich erscheint.[181] Hier ist vom Gesetzgeber zu entscheiden, ob er auch diese Dienste als offene Plattform (also mit einer Pflicht zur schematischen Gleichbehandlung mit der Möglichkeit der Privilegierung) auszugestalten denkt. Letzteres ist nicht erforderlich, wenn zu erwarten ist, daß sich in diesem Bereich – ähnlich wie bei traditionellen Programmzeitschriften – ein Wettbewerb entwickelt, der die Ausgestaltung der Navigatoren an den Interessen der Rezipienten sicherstellt und so Diskriminierungen weitgehend ausschließt. Angemessen ist es in diesem Falle also, die jetzt vorgeschlagene Regelung des § 53 Abs. 2 RStV durch Antikonzentrationsregelungen für Anbieter von Navigatoren zu ergänzen, die systematisch durch eine ohnehin erforderliche präzisierende Fortschreibung des § 26 Abs. 2 RStV (Zurechnung medienrelevanter verwandter Märkte) erreicht werden kann. (Vgl. dazu unten 4; ob statt dessen auch für diese Navigatoren eine offene Plattform anzustreben ist, wird an dieser Stelle noch nicht abschließend bewertet.) In jedem Falle wünschenswert wäre eine Verpflichtung zur Offenlegung der Schnittstellen aller Navigatorentypen, um ein Ansetzen spezieller Benutzerführungssysteme an diese Schnittstellen zu ermöglichen.

Einzelheiten zur Sicherung von Chancengleichheit bei der Gestaltung der Navigator-Oberfläche von Basisnavigatoren oder programmgebundenen Navigatoren können Regelungen der Landesmedienanstalten vorsehen; Vorbilder finden sich hier in Großbritannien.[182] Auch hier kann die Sicherung von Kommuniaktionschancen die Privilegierung bestimmter Angebote (etwa öffentlich-rechtliche) zulässig oder sogar geboten erscheinen lassen.

---

180 Diese Lücken sieht auch Gersdorf (Fn. 108), S. 162.
181 Vgl. dazu A. Weiss/D. Wood, Was elektronische Programmführer leisten sollen, MMR 1998, 239 ff.
182 S.o. Fn. 90.

**Abb. 5: Typen von Navigatoren nach Anbieter**

|  | „Basis-Navigator" | „Programmgebundener Navigator" | „Unabhängiger Navigator" |
|---|---|---|---|
| Anbieter | Plattform-Anbieter | Programm(paket)-anbieter | Weder Plattformanbieter noch Programm(paket)anbieter (Bsp. Zeitungsverlag) |
| Beispiel | T.O.N.I. | ARD-EPG | Online-Programmzeitschrift |
| Risiko | – Privilegierung eigener Pakete und Programme<br>– Mangelnde Kompatibilität für andere EPGs | – Privilegierung eigener Pakete und Programme<br>– Mangelnde Kompatibilität für andere EPGs | – Privilegierung von Paketen und Programmen von Veranstaltern, mit denen der Anbieter des Navigators verbunden ist |
| Forderung | – Offene technische Plattform (Open API)<br>– Zugang zu chancengleichen, angemessenen Bedingungen | – Offene technische Plattform (Open API) | – Einziehung in die Konzentrationskontrolle<br>– Ggf. gesonderte Mißbrauchstatbestände |

## 3.3.6 Allgemeines und spezielles Kartellrecht als Auffangordnungen

Wie oben dargestellt, werden hier Kartellrecht und Rundfunkrecht als Materien betrachtet, die im Grundsatz ein und denselben Lebenssachverhalt parallel mit unterschiedlichen Regelungszielen regulieren. Zu beachten ist beim Verhältnis dieser beiden Regelungsregime zum einen, daß das Regelungssystem des Kartellrechts die um die Wahrung kommunikativer Chancengleichheit bemühten Regelungen des Rundfunkrechts in ihrer Wirkung nicht behindern oder gar konterkarieren darf. Zum anderen aber, daß das Rundfunkrecht überall dort, wo seine Ziele auch durch Regelungen des allgemeinen oder speziellen Kartellrechts sicher erreicht werden, entweder auf eigene Regulierung völlig verzichten kann, oder aber sinnvollerweise Regelungsinstrumente des Kartellrechts in die Rundfunkrechtsordnung übernommen wird. Auch für die aufgezeigten Probleme der Chancengerechtigkeit bei Dienstleistungen Digitalen Fernsehens ist daher zu prüfen, ob und inwieweit die Regelungen des Kartellrechts Gefahren kommunikativer Vermachtung wirksam entgegentreten.

### 3.3.6.1 Die Essential Facilities Doctrine

Die Essential Facilities Doctrine ist ein Rechtsinstitut, das im US-amerikanischen Antitrustrecht entwickelt wurde[183] und grob vereinfacht besagt, daß das Verhalten eines Unternehmens, das eine „wesentliche Einrichtung" kontrolliert, welche von potentiellen Konkurrenten für einen Marktzugang bzw. die

---

183  Vgl. beispielsweise H.-J. Bunte, GWB-Novelle und Mißbrauch wegen Verweigerung des Zugangs zu einer „wesentlichen Einrichtung", WuW 1997, 302 (308 ff.); M. Furse, „Essential Facilities" Doctrine in Community Law, ECLR 1995, 469 ff.; M. Müller, Die „Essential Facilities"-Doktrin im Europäischen Kartellrecht, EuZW 1998, 232 ff.

Teilnahme am Wettbewerb benötigt wird, immer dann als Ausdruck einer wirtschaftlichen Machtstellung anzusehen ist, wenn der potentielle Konkurrent die betreffende Einrichtung nicht auch selbst in wirtschaftlich vertretbarer Weise erzeugen oder betreiben könnte. Entscheidungspraxis der EU-Kommission und Rechtsprechung des EuGH zeigen, daß diese aus Art. 86 EGV zumindest in Einzelfällen ebenfalls einen Mißbrauch marktbeherrschender Stellung annehmen, wenn wesentliche Einrichtungen vorenthalten werden. So in der berühmten Magill-Entscheidung des EuGH, in der das Verhalten eines Fernsehveranstalters als mißbräuchlich gerügt wurde, der Programmdaten nicht an eine Programmzeitschrift herausgeben wollte.[184]

Im deutschen allgemeinen Kartellrecht fand dieses Institut im Bereich der Mißbrauchskontrolle bislang nicht explizit Anwendung.[185] Im Bereich der sektorspezifischen kartellrechtlichen Normen fand sich eine Durchleitungsregelung für die Energiewirtschaft in § 103, Abs. 5 Satz 2 Nr. 1 GWB, die allerdings durch die Neuregelung im Energiewirtschaftsgesetz aus dem GWB gestrichen wurde.[186] Ebenso als Essential Facilities Rule kann man § 33 TKG lesen, der marktbeherrschenden Anbietern bei Telekommunikationsdienstleistungen für die Öffentlichkeit gebietet, Wettbewerbern auf diesem Markt diskriminierungsfrei den Zugang zu seinen intern genutzten und am Markt angebotenen Leistungen, soweit sie wesentlich sind, zu den Bedingungen zu ermöglichen, die er sich selbst bei der Nutzung dieser Leistungen einräumt, es sei denn eine Ungleichbehandlung ist sachlich gerechtfertigt.[187]

### 3.3.6.2 Essential Facilities Rules in der GWB-Novelle

Eine Essential Facilities Regelung findet sich in der kürzlich verabschiedeten grundlegenden Novellierung des GWB,[188] in der auch auf Betreiben des Bundeskartellamts hin[189] im dritten Abschnitt (Marktbeherrschung, wettbewerbsbeschränkendes Verhalten) in § 19 Absatz 4 Nr. 4 als Mißbrauchstatbestand normiert ist, wenn ein marktbeherrschendes Unternehmen „sich weigert, einem anderen Unternehmen gegen angemessenes Entgelt Zugang zu den eigenen Netzen oder anderen Infrastruktureinrichtungen zu gewähren, wenn es dem anderen Unternehmen aus rechtlichen oder tatsächlichen Gründen ohne die Mitbenutzung nicht möglich ist, auf dem vor- oder nachgelagerten Markt als Wettbewerber des marktbeherrschenden Unternehmens tätig zu werden". Dies gilt allerdings nicht, „wenn das marktbeherrschende Unter-

---

184  EuGH Slg. 1995 I, 743.
185  Vgl. aber den nach § 26 GWB entschiedene, zur Magill-Entscheidung parallele Urteil des OLG Hamburg, AfP 1998, 82 ff.
186  Geändert durch Gesetz vom 24.04.1998 BGBl. I 1998 S. 730.
187  Vgl. G. Bönsch in: Bücher, Beck´scher TKG-Kommentar, München 1997, § 33 TKG.
188  BGBl. I 1998 S. 2546.
189  Zum Verfahren vergleiche Bunte (Fn. 183), S. 302 ff.

nehmen nachweist, daß die Mitbenutzung aus betriebsbedingten oder sonstigen Gründen nicht möglich oder nicht zumutbar ist." Die Begründung macht deutlich, daß eine Angleichung an die Interpretation des EuGH von Artikel 86 EGV angestrebt wird und nicht nur bereits bestehende, sondern auch künftige Märkte erfaßt werden sollen[190].

### 3.3.6.3 Defizite der kartellrechtlichen Zugangschancensicherung

Ob die Verankerung einer Essential Facilities Rule im allgemeinen Kartellrecht überhaupt sinnvoll ist, wird durchaus unterschiedlich beurteilt.[191] Die daran geübte Kritik verweist – auch wenn man sie im Ergebnis nicht teilt – auf Probleme, die für die Frage relevant erscheinen, ob bei der Zugangssicherung im Digitalen Fernsehen das Kartellrecht als Auffangordnung oder gar primäre Regelungsebene geeignet ist. Zunächst ist die Bestimmung der relevanten Dienstleistung problematisch, wenn bislang kein Markt für eine solche Dienstleistung bestand. Zudem geht es um die Auswirkung dieses Engpasses auf andere relevante Dienstleistungen. Eine Anwendung aller relevanten Mißbrauchsfälle kann nur um den Preis einer extensiven Auslegung dieser Regelung erreicht werden (jedes Ausschließlichkeitsrecht in einem bestimmten Bereich wird zur Marktbeherrschung)[192] oder aber die Regelung läuft an wesentlichen Punkten leer. Entscheidend wird dann, welche Einrichtungen als „wesentliche" betrachtet werden, und wonach sich bemißt, ob einem Konkurrenten die Einrichtung der „Facility" möglich und zumutbar ist. Zudem ist im Einzelfall zu prüfen, ob die Verweigerung des Zugangs unbillig erfolgt. Entscheidend ist dabei sicherlich zum einen die Verbraucherperspektive, zum anderen aber auch, ob ein Unternehmen seine marktbeherrschende Stellung auf einem Sektor zum „Marktmachttransfer" ausnutzt.[193]

Die Entscheidung, ob es sich bei einer bestimmten Einrichtung um eine „Essential Facility" handelt, verlangt von den Kartellbehörden auch nach Einschätzung des Bundeskartellamts selbst[194] schwierige Einschätzungen, gerade wenn es sich um einen sich noch entwickelnden Markt handelt. In diesen Fällen wird auch die Durchsetzung derartiger Regelungen die Praxis der Kartellbehörden vor neue Aufgaben stellen, da sie über weitere Zugangsbedingungen – wie beispielsweise technische Schnittstellen – und entsprechende Verträge zwischen den Unternehmen maßgeblich mitgestaltend tätig werden.[195]

---

190  BT-Drs 13/9720 vom 29.1.1998. Begründung zu § 19.
191  Kritisch Bunte (Fn. 183), S. 313 f.; H. Kahlenberg. Novelliertes deutsches Kartellrecht. BB 1998. S. 1596 f.
192  Vgl. Bunte (Fn. 183), S. 314.
193  Vgl. Bunte (Fn. 183), S. 316.
194  Vgl. internes Papier des Kartellamts zum Netzzugang.
195  Vgl. P. K. Mailänder, Schranken für das Vertragsdiktat zu Lasten der Träger wesentlicher Einrichtungen; in: J. Kruse/K. Stockmann/L. Vollmer (Hrsg.), FS für Ingo Schmidt - Wettbewerbspolitik im Spannungsfeld nationaler und internationaler Kartellrechtsordnungen, Baden-Baden 1997, S. 271 (287).

Dazu kommt, daß die begleitende Mißbrauchsaufsicht – auch nach Ansicht des Bundeskartellamts[196] – im Vergleich zur Fusionskontrolle daran krankt, daß die Durchsetzung nur sehr bedingt effektiv erfolgen kann. So haben Beschwerden gegen die Verfügungen nach derzeitiger Rechtslage aufschiebende Wirkung; praktisch kommt nur in Ausnahmefällen eine sofortige Vollziehung in Betracht. Zudem bestehen keine Meldepflichten, die sicherstellen, daß zu einem bestimmten Zeitpunkt Kontrollen und Aufsichtsmaßnahmen eingeleitet werden können.

Ähnliche Bedenken sind in diesem Zusammenhang auch gegen die Regelungen des § 33 TKG zu erheben, der zudem explizit nur der Öffentlichkeit angebotene TK-Dienstleistungen einbezieht und im Grunde auf die Fälle des öffentlichen Netzes abzielt, nicht aber andere „Essential Facilities" wirksam einbezieht.

### 3.3.6.4 Notwendigkeit rundfunkrechtlicher Zugangskontrollregelungen

Aus all dem ergibt sich, daß für die Sicherung von Zugangschancengerechtigkeit im Bereich von Dienstleistungen Digitalen Fernsehens nicht auf die bestehenden Regelungen des allgemeinen bzw. branchenspezifischen Kartellrechts zurückgegriffen werden kann. Die ansonsten als besonders effektiv gelobte Kontrolltätigkeit des Bundeskartellamts kann in diesem Bereich ebenso wie die TK-Regulierungsbehörde noch auf keine nennenswerten Erfahrungen zurückgreifen, so daß das Auffangnetz des Kartellrechts in diesem Felde eher grobmaschig und lose gespannt erscheint.

## 3.4 Überlegungen zur Regelungstechnik

Es wurde bereits darauf hingewiesen, daß die ausgestaltende Tätigkeit des Gesetzgebers in diesem Feld sich schnell wandelnder kommunikationsbezogener Dienstleistungen kaum so zu realisieren ist, wie sie deutscher Gesetzgebungstradition entspricht. Gesetzesnovellen werden offenbar oft noch mit dem Anspruch erarbeitet, eine möglichst langlebige Grundlage für die künftige Entwicklung zu schaffen. Gründe dafür dürften – neben der deutschen Tradition – in den Schwierigkeiten liegen, gerade in der föderalen Struktur und einem von machtvollen Akteuren geprägten Politikfeld einen Konsens für Gesetzesänderungen zu finden. Die Veränderbarkeit ist daher bislang nicht selbst zum Bestandteil der Regelungen geworden.

Modellcharakter kann hier Gesetzgebungsinstrumenten im angloamerikanischen Bereich und auf EU-Ebene zukommen: Sie streben an, z.B. durch Grün- und Weißbücher die Veränderung der Gesetzgebung öffentlich wahr-

---

196  Vgl. internes Kartellamtspapier zum Netzzugang, Kapitel 4.3.

nehmbarer und diskutierbarer zu machen, konkrete Regelungsziele herauszu-arbeiten und die Selbstbindung der Akteure im Gesetzgebungsprozeß zu erhöhen. Im Medien- und Telekommunikationsrecht der USA thematisieren die gesetzlichen Programme ihre Veränderbarkeit mit: So enthält der Tele-communications Act von 1996 (sec. 402) die Verpflichtung der FCC, ihre auf der Grundlage des Act erlassenen Verordnungen alle zwei Jahre daraufhin zu überprüfen, ob sie mit Blick auf die Ziele des Act noch sinnvoll sind.

Die notwendige Offenheit der Regelungen und die Übertragung der Kon-kretisierungsaufgabe in Form von Satzungsermächtigungen an die Landes-medienanstalten kollidiert auch nicht mit dem Wesentlichkeitsgrundsatz. Zwar gilt auch im Ausgestaltungsbereich von Art. 5 Abs.1 Satz 2 GG die Verpflichtung des Gesetzgebers, im Kern selbst zu benennen, welche Ziele und Instrumente zur Verwirklichung des Normziels der Rundfunkfreiheit einzusetzen sind.[197] Das Gebot, die Gesetzgebung optimierend an diesem Normziel auszurichten, kann angesichts technischen Wandels gerade nahele-gen, keine abschließenden Regelungskonzepte auszuarbeiten, sondern ent-wicklungsoffene Normen zu schaffen und in einem Evaluationsprozeß be-ständig weiter zu entwickeln. Sofern allerdings Befugnisse zur Rechtssetzung an die Landesmedienanstalten delegiert werden, muß zumindest definiert werden, welche Ziele die Ausgestaltungsmaßnahme verfolgt; dazu gehört, daß Kriterien bestimmt werden, die für die Entscheidung der Frage relevant sind, ob und wann beim Angebot zu chancengleichen, angemessenen Bedin-gungen Differenzierungen möglich sind (vgl. Diskussionsvorschläge 3.6). Dafür bieten sich Generalklauseln ggf. mit Regelbeispielen als Technik an.

---

197  Vgl. BVerfGE 57, 295 (320); K.-H. Ladeur, "Duale Rundfunkordnung" und Werbung in Programmen der öffentlich-rechtlichen Rundfunkanstalten, ZUM 1987, 491 ff.

# 4 Handlungsempfehlungen für die Regulierung Digitalen Fernsehens

Aus der Untersuchung lassen sich Handlungsempfehlungen ableiten, die zwar nicht alle derzeit diskutierten Bereiche erfassen, wohl aber das Nachdenken über Modifikationen und Ergänzungen einiger Regelungen des Entwurfs für den 4. Rundfunkänderungsstaatsvertrag sinnvoll erscheinen lassen. Einige Vorschläge weisen über diese aktuellen Fragestellungen hinaus.

## 4.1 Kontrolle des Mißbrauchs von Dienstleistungen Digitalen Fernsehens

Ein Hauptziel der Neuregelungen besteht darin, bei der Distribution Digitalen Fernsehens den Grundsatz der kommunikativen Chancengleichheit zur Geltung zu bringen. Um die Rundfunkordnung im Hinblick auf eine freie individuelle und öffentliche Meinungsbildung zu optimieren, muß kommunikativen Vermachtungen entgegengewirkt werden. Dieser Ansatz der Neuregelungen deckt sich insoweit mit den Anforderungen des hier dargestellten verfassungsrechtlichen Konzepts, als er den Einfluß auf Kommunikationschancen in den Mittelpunkt stellt. Das verfassungsrechtliche Konzept erfaßt nicht nur die Regulierung rundfunkrelevanter Dienstleistungen, sondern auch neue Formen telekommunikativ vermittelter Kommunikation. Legt man dieses Verständnis zugrunde, so gibt es auch keinen Grund, weiterhin primär beim Veranstalter als Andressaten rundfunkrechtlicher Regulierung zu verharren. Jeder Dienstleister, der nicht-kommunikativ begründeten Einfluß auf Kommunikationschancen nimmt, kann Gegenstand von die Medienfreiheiten ausgestaltenden Regelungen sein.

Die Wahl des Instrumentariums hängt vom Gefährdungspotential der jeweiligen Dienstleistung ab. Kann die kommunikative Chancengleichheit nicht allein durch ökonomischen Wettbewerb realisiert werden, müssen die entsprechenden Dienstleistungen durch medienspezifische Regelungen etwa als Angebot einer offenen Plattform ausgestaltet werden. Insofern sind Zugangschancensicherung und Konzentrationskontrolle Regelungsmechanismen, die demselben Ziel bei unterschiedlichen Bedingungen dienen. Perspektivisch sollte daher das Regelungsgefüge von rundfunkrechtlicher Konzentrationskontrolle und Zugangschancensicherung bei rundfunkrelevanten Dienstleistungen systematisch verwoben werden.

Die ökonomische Analyse hat potentielle Marktzutrittsbarrieren für die Entwicklung Digitalen Fernsehens in Deutschland skizziert. Diese Informationen geben die Grundlage für rechtliche Einschätzungen, etwa für die Frage, auf welchen Dienstleistungsstufen (ökonomischer) Wettbewerb die Sicherung (kommunikativer) Chancengerechtigkeit befördern kann.

Bei folgenden Punkten legt die vorliegende Untersuchung Modifikationen oder Ergänzungen des geplanten Regelungskonzeptes nahe, die kompetenzrechtlich gedeckt sind und im Rahmen der Ausgestaltung der Rundfunkordnung im Sinne von Art. 5 Abs. 1 Satz 2 GG möglich, wenn nicht sogar im Hinblick auf das Regelungsziel gegenüber anderen diskutierten Lösungen vorzugswürdig erscheinen.

### 4.1.1 Conditional Access

§ 53 Abs. 1 RStV-E sichert den chancengleichen Zugang zu Conditional-Access-Diensten. Eindeutig davon erfaßt wird die technische Seite derartiger Angebote. Um dem Risiko zu begegnen, daß ein marktstarker Anbieter von Conditional-Access-Diensten seine Stellung ausnutzt, um weitere kundenbezogene Dienstleistungen anzubieten, sollte die Regelung erweitert werden; so etwa durch eine Klausel, die normiert, „daß das Angebot dieses Dienstes nicht davon abhängig gemacht werden darf, daß der Kunde weitere Dienstleistungen des Anbieters oder anderer Unternehmen, an denen der Anbieter mit zurechenbaren Anteilen beteiligt ist, in Anspruch nimmt" (Unbundling-Regelung).

### 4.1.2 Navigatoren

§ 53 Abs. 2 RStV-E regelt in vorliegender Fassung dem Wortlaut nach eindeutig lediglich die sogenannten Basis-Navigatoren, die zum „Betriebssystem" einer Set-Top-Box gehören. Um Fehlinterpretationen zu vermeiden, sollte zum einen durch Legaldefinitionen in Klammern das Gemeinte eindeutig bezeichnet sein, zum anderen ist zu überlegen, inwieweit auch anderen Navigatoren Offenheitspflichten aufzuerlegen sind. Risiken für die kommunikative Chancengleichheit können auch durch Benutzerführungssysteme entstehen, die von anderen Veranstaltern – nicht dem, der auch die Set-Top-Box betreibt – ausgehen, wenn diese Navigatoren zur Steuerung anderer Programme als der des Veranstalters selbst dienen. Zumindest sollte auch hier durch Definition offener Schnittstellen (Open Application Program – Interface – API) sichergestellt sein, daß Benutzerführungssysteme Dritter aus diesen Navigatoren heraus ohne Einbußen an Funktionalität angesteuert werden können. Die Verpflichtung des § 53 Abs. 4 Satz 2 RStV-E, in bestimmten Fällen technische Parameter offenzulegen, sollte auch für diese Dienste gelten. Einzelheiten zur Sicherung von Chancengleichheit bei der Gestaltung der Navigator-Oberfläche können Regelungen der Landesmedienanstalten vorsehen; Vorbilder finden sich hier in Großbritannien (etwa zur angemessenen Präsentation öffentlich-rechtlicher Angebote).

Bieten Dritte Navigatoren an – etwa als eigenständige breitbandige oder schmalbandige Online-Dienste – so ist denkbar, daß sich vergleichbar mit gedruckten Programmzeitschriften ein Markt für Navigatoren dieser Art herausbildet, bei dem der ökonomische Wettbewerb auch kommunikative Chancengleichheit sichert. Um das Funktionieren dieses Wettbewerbs zu unterstützen, sollten die Märkte für derartige Dienste in die rundfunkspezifische Konzentrationskontrolle einbezogen werden. Es sollte klargestellt werden, daß dieser Bereich als „verwandter Markt" im Sinne des § 26 Abs. 2 RStV angesehen wird.

### 4.1.3 Multiplexing

Bislang ist nicht eindeutig, daß durch die Neufassung des § 53 RStV-E auch der technische Dienst des Multiplexing erfaßt wird. Multiplexing kann insofern rundfunkrechtlich relevant werden, als die technische Bündelung Vorentscheidungen für die Verbreitung etwa im Kabel setzt, solange nicht etwa an allen Kabelkopfstationen eine Entbündelung durch Demultiplexing möglich ist. Es erscheint daher sinnvoll, auch die Anbieter von Diensten, die Fernsehsignale zum Zwecke der Verbreitung technisch bündeln oder entbündeln (Multiplexing und Demultiplexing) zu verpflichten, diese technischen Dienste allen Veranstaltern zu chancengleichen, angemessenen und nicht diskriminierenden Bedingungen anzubieten. Zudem sollten die Landesmedienanstalten in die Lage versetzt werden, den Anbietern von Multiplex-Diensten technische Parameter vorzuschreiben (beispielsweise Mindest-Bit-Raten zur Sicherung der Übertragungsqualität), sofern dies zur Einhaltung rundfunkrechtlicher Vorgaben erforderlich ist.

### 4.1.4 Programmpaketvermarktung

Der Programmpaketvermarktung kommt besondere Bedeutung zu, da sie nicht lediglich eine technische Dienstleistung darstellt, sondern vielmehr eine Verlängerung der Tätigkeit des Programmveranstalters ins Zeitalter digitaler Programmbouquets darstellt. Die Zusammenstellung von Programmpaketen ist als programmbezogene Tätigkeit unmittelbar von der Rundfunkfreiheit des Art. 5 Satz 1 Satz 2 GG geschützt, allerdings – wie nach der Rechtsprechung des Bundesverfassungsgerichts alle Rundfunktätigkeiten – nach Maßgabe verfassungsgemäßer Ausgestaltung durch den Rundfunkgesetzgeber. Die Ausgestaltungsaufgabe des Gesetzgebers wird zukünfig noch komplexer, da unterschiedliche, miteinander verwobene Ebenen zu berücksichtigen sind. So kann ein Regelungskonzept, das versucht, auf der Ebene der CA-Plattformen für Konkurrenz zu sorgen, zu einer Ungleichbehandlungen auf der Ebene der technischen Verbreitung führen. Ziel muß dabei immer sein, nicht kommunikativ legitimiertem Einfluß auf die Rezeptionschance bestimmter Inhalte entgegenzuwirken. Dabei kann die Regulierungstiefe bestimmter Dienste wie der Paketvermarktung von der Relevanz von bestimmten Angebotsformen – in diesem Falle Pay-TV – für die öffentliche Kommunikation abhängig gemacht werden.

Solange nur ein oder wenige Programmpakete überhaupt angeboten werden, erscheint die im Entwurf vorgesehene Lösung, auch diese Dienstleistung zu chancengleichen, angemessenen und nicht diskriminierenden Bedingungen anzubieten, auch verfassungsrechtlich unbedenklich. Die beispielsweise in Großbritannien bereits virulente Problematik der wettbewerbswidrigen Bündelung von Fernsehangeboten mit Multimedia-* oder TK-Diensten sollte die Rundfunkaufsicht im Blick behalten. Regulative Vorkehrungen in diesem Bereich wären dann erforderlich, wenn sich ähnliche Problemstellungen wie in Großbritannien etwa in Folge der Digitalisierung der Kabelnetze ergeben.

### 4.1.5 Gleiche Rahmenbedingungen für unterschiedliche Verbreitungswege

Die Regulierung der unterschiedlichen Verbreitungswege stellt für die zukünftige Entwicklung der digitalen TV-Märkte eine zentrale Größe dar. Auch wenn diese Problematik nicht im Mittelpunkt der Untersuchung steht, erscheinen einige Bemerkungen hierzu doch angebracht. Feststellen läßt sich zwar, daß ein unmittelbarer Wertungswiderspruch zwischen den ins Auge gefaßten Regelungen des § 52 RStV-E und § 53 Abs. 3 RStV-E nicht besteht. § 52 RStV-E regelt nicht die Möglichkeiten der Paketbildung durch Kabelbetreiber. Für jeden Anbieter von Programmpaketen – also ggf. auch für Kabelbetreiber – gilt der § 53 Abs. 3 RStV mit den dort vorgesehenen weiten Spielräumen. In dieser Norm werden keine inhaltlichen Vorgaben für die Programmauswahl gemacht, sondern lediglich eine Chancengleichheit des Zugangs zum Paket gefordert. Allerdings muß jedes Programmpaket zur Verbreitung mittels Kabel zusätzlich durch das „Nadelöhr" des § 52 RStV-E. Es besteht dadurch im Ergebnis eine Schieflage im Hinblick auf unterschiedliche Verbreitungswege. Sollen konkurrierende Vermarktungssysteme entstehen, müßte der Gesetzgeber diese Schieflage beseitigen. Aus ökonomischer Sicht sprechen Gründe für die Option, die in § 52 RStV-E festgelegten Anforderungen abzusenken, um die Gestaltungsmöglichkeiten der Kabelbetreiber beim Angebot von Programmbouquets zu vergrößern (Beschränkung des Must-Carry-Angebots; Möglichkeit der Preisdifferenzierung nach Basis- und Premium-Paketen; Möglichkeit zur Entbündelung konkurrierender Bouquets). Aus Gesichtspunkten der Vielfaltssicherung kann es aber auch angezeigt sein, an alle Programmpakte im Rahmen des § 53 RStV-E höhere Anforderungen vorzusehen und die „Schieflage" auf diese Weise zu beseitigen. Bei der Regelung anderer Verbreitungswege (terrestrisches DVB) gelten entsprechende Überlegungen wie bei der Kabelverbreitung.

## 4.2 Durchsetzung der Regelungen zur Zugangschancensicherung

Wettbewerbs- und Kartellrecht (allgemeines oder spezielles wie das TKG oder auch das FÜG) kann weiterhin als Auffangordnung zur Sicherung der kommunikativen Zugangschancen genutzt werden, ersetzt aber auch in diesem Bereich nicht rundfunkspezifische Regelungen. Dies gilt der vorliegenden Untersuchung zufolge auch nach Einführung der „Essential Facilities Doctrin" als Regelbeispiel für Mißbrauch marktbeherrschender Stellungen in der Kartellrechtsnovelle von 1998.

Die effektive Durchsetzung der Regelungen im Staatsvertrag setzt allerdings voraus, daß die Landesmedienanstalten für alle genannten Dienste die Handlungsoptionen in die Hand bekommen, die in § 53 Abs. 4 bis 7 RStV-E festgelegt sind.

Angesichts der Entwicklungsgeschwindigkeit ist es sachgerecht und auch verfassungsrechtlich nicht zu beanstanden, wenn der Gesetzgeber die Konkretisierung der Anforderungen an die Dienstleistungen Digitalen Fernsehens den Landesmedienanstalten zur Regelung in Satzungen überläßt. Jedoch muß klargestellt sein, welche Dienste im einzelnen erfaßt werden. Zudem sollte aus dem Gesetz hervorgehen, ob die Chancengleichheit durch eine strikte Gleichbehandlung zu erfolgen hat oder ob Differenzierungen zulässig sind. Hierfür müßte dann das Gesetz Differenzierungskriterien angeben. Dies könnte durch Hinzufügung eines Absatzes in § 53 RStV-E geschehen, der Kriterien nennt, die eine Ungleichbehandlung (etwa Bevorzugung regionaler Interessen) rechtfertigen. Welche Interessen der Gesetzgeber als relevant ansieht, ergibt sich etwa aus § 52 RStV-E (Non-Must-Carry-Bereich).

Eine weitgehende Verlagerung der Konkretisierungsentscheidungen auf die Ebene der Landesmedienanstalten ist zudem um so eher tragbar, als diesen gesetzlich aufgegeben wird, die Satzungen in einem bestimmten Zeitintervall zu evaluieren. Dabei ist zu prüfen, ob die Satzungen angesichts der Veränderungen im Realbereich weiterhin den staatsvertraglichen Vorgaben entsprechen. Vergleichbare Regelungen sind beispielsweise im amerikanischen Telecommunications Act von 1996 für die FCC vorgesehen.

Um den Gesetzgeber in die Lage zu versetzen, Novellierungsbedarf frühzeitig zu erkennen, sollte alle zwei Jahre nach Inkrafttreten des Staatsvertrages ein gemeinsamer Bericht der Landesmedienanstalten vorgesehen werden, der über die Entwicklung der Zugangssicherung nach § 53 RStV-E Auskunft gibt und auch die Entscheidungen über Beschwerden nach Abs. 6 dokumentiert.

Mögliche Kompetenzausübungskonflikte zwischen Bund und Ländern im Bereich der Zugangschancensicherung können nicht schematisch gelöst werden. Zwar ist es dem Bund von Verfassungs wegen untersagt, Regelungen zu schaffen, die die Rundfunkpolitik der Länder konterkarieren. Eine effektive Regulierung aber kann nur in Kooperation von Bund und Ländern erfolgen; sowohl auf der Ebene der Regelformulierung als auch auf der der Durchsetzung, durch Organisation und Verfahren. Es wird daher vorgeschlagen, als ersten Schritt eine „joint working group" ins Leben zu rufen, in der die für den Medien- und Telekommunikationsbereich zuständigen Landes- und Bundesbehörden ihre Aufsichts- und Regulierungstätigkeit koordinieren.

## 4.3 Regelungen der Konzentrationskontrolle

Zugangschancensicherung und Konzentrationskontrolle müssen aufeinander abgestimmt werden, um die optimale Umsetzung der Regelungsziele zu ermöglichen. Als erster Schritt zur Vernetzung dieser Materien könnte in § 26 Abs. 2 RStV durch den Gesetzgeber vorgesehen werden, daß als „verwandte Märkte" insbesondere auch Märkte für Dienstleistungen Digitalen Fernsehens (§ 53 RStV-E) angesehen werden. Im Hinblick auf Navigatoren bietet es sich an, die von § 53 Abs. 2 RStV-E nicht erfaßten TV-Guides (werden sie nun im digitalen Datenstrom oder autonom im Internet verbreitet) ebenfalls in die Konzentrationskontrolle einzubeziehen; die Regelung erfaßt in der Entwurfsfassung nur Basis-Navigatoren.

Zudem sollten die Instrumente, die zur Verhinderung vorherrschender Meinungsmacht gemäß § 26 Abs. 4 RStV vorgesehen sind, auf Programmpakete entsprechend anwendbar sein. Ist etwa ein Unternehmen mit zurechenbaren Beteiligungen mit einem oder mehreren Anbietern von Diensten gemäß § 53 Abs. 3 RStV-E verbunden, erscheint es als angemessene Option, auch in bezug auf diese Pakete dem § 31 RStV entsprechende Maßnahmen vorzusehen. Die Folge wäre, daß beispielsweise unabhängige Dritte in das Paket aufgenommen werden müßten.

Gerade Konzentrationsprozesse erweisen sich – davon geht auch das Bundesverfassungsgericht aus – als schwer revidierbar und folgenreich; darauf bezogene Regelungen sind daher von Verfassungs wegen vom Gesetzgeber zu evaluieren und anzupassen, wenn Veränderungen ihre Effektivität zu beeinträchtigen drohen. Dies gilt nicht nur für Unternehmensverbindungen bei den im Mittelpunkt dieser Untersuchung stehenden technischen Dienstleistungen Digitalen Fernsehens, sondern auch für andere Formen der vertikalen Integration etwas im Bereich der Programmbeschaffung.

Die Sicherung von gerechten Zugangschancen bei neuen Dienstleistungen und die Konzentrationskontrolle im Rundfunk verfolgen – das haben die Überlegungen des Gutachtens gezeigt – dasselbe Ziel: Durch wirtschaftliche Macht soll möglichst wenig Einfluß auf die gesellschaftliche Kommunikation ausgeübt werden können. Die Digitalisierung bringt hier – neben den besonders durch die Kapazitätsvergrößerung bedingten Chancen – auch neue Risiken. Schon die Konzentrationskontrolle beim traditionellen Rundfunk stellte Gesetzgeber und Aufsicht vor kaum lösbare Probleme. Um so wichtiger wird es sein, an den neuralgischen Stellen der Distributionskette Zugangsoffenheit herzustellen und die Zugangsregelungen mit denen der Konzentrationskontrolle so zu vernetzen, daß sich die bestehenden Probleme nicht potenzieren.

# 5 Literaturverzeichnis

*Amsinck*, Michael (1997): Der Sportrechtemarkt in Deutschland. In: Media Perspektiven (MP), S. 62 ff.

*Badura*, Peter (1996): Staatsrecht, 2. Auflage, München.

*Bartosch,* Andreas (1997): Die Fernsehkabelnetze aus der Perspektive des Europarechts. In: Computer und Recht (CR), S. 751 ff.

*Bauer,* Helmut G. / Stephan Ory (1997): Recht in Hörfunk und Fernsehen, Stand März 1997.

*Beck*, Hanno / Aloys Prinz (1998): Sport im Pay-TV: Ein Fall für die Medienpolitik? In: Wirtschaftsdienst, S. 224 ff.

*Bender*, Gunnar (1998): Regulierungskonzepte zum digitalen Fernsehen in den USA. In: Zeitschrift für Urheber- und Medienrecht (ZUM), S. 38 ff.

*Blind*, Sofia / Jens Bühring (1996): Die ökonomische Theorie der Standards und ihre Anwendung auf den Medienbereich. In: Homo Economicus, Bd. XIII. München; S. 515 ff.

*Booz*, Allen & Hamilton (Hrsg.) (1995): Zukunft Multimedia, Frankfurt/Main.

*Bothe*, Michael (1989): Kommentierung zu Art. 70 GG. In: Wassermann, Rudolf (Hrsg.): Kommentar zum Grundgesetz für die Bundesrepublik Deutschland. Band 2, 2. Auflage, Neuwied.

*Bremer*, Detlef (1995): Freiheit durch Organisation? „Ausgestaltung" der Rundfunkordnung als Problem von Grundrechtsinterpretation, Grundrechtstheorie und Ordnungstheorie. In: Mestmäcker, Ernst-Joachim (Hrsg.): Kommunikation ohne Monopole. Baden-Baden.

*Breunig*, Florian (1997): Marktchancen des digitalen Fernsehens. München.

*Bücher*, Wolfgang et al. (1997): Beck´scher TKG-Kommentar. München.

*Bullinger*, Martin (1997): Verbreitung digitaler Pay-TV-Pakete in Fernsehkabelnetzen. In: Zeitschrift für Urheber- und Medienrecht (ZUM) Sonderheft, S. 281 ff.

*Bullinger*, Martin (1997): Verbreitung entgeltlicher Rundfunkprogramme und Mediendienste in Paketen. In: Archiv für Presserecht (AfP), S. 765 ff.

*Bullinger*, Martin / Mestmäcker, Ernst-Joachim (1997): Multimediadienste. Struktur und staatliche Aufgaben nach deutschem und europäischem Recht, Baden-Baden.

*Bundesministerium* für Wirtschaft (Hrsg.) (1998): Markteinführung des digitalen Hörfunks und Fernsehens in Deutschland. Abschlußbericht der Arbeitsgruppe „Digitaler Rundfunk", vom 8.5.1998.

*Bunte*, Hermann-Josef (1997): GWB-Novelle und Mißbrauch wegen Verweigerung des Zugangs zu einer „wesentlichen Einrichtung". In: Wirtschaft und Wettbewerb (WuW), S. 302 ff.

*Collins*, Richard / Christina Murroni (1996): New Media, New Policies. Cambridge.

*Cowie*, Campbell / George Yarrow (1997): The wholesale pay TV market in the UK. In: Telecommunications Policy, Special Issue, The economics and regulation of pay broadcasting, Vol. 21; S. 635 ff.

*Cowie*, Campbell / Mark Williams (1997): The economics of sports rights. In: Telecommunications Policy, Special Issue, The economics and regulation of pay broadcasting, Vol. 21, S. 619 ff.

*Crandall*, Robert W. (1997): Competition and regulation in the US video market. In: Telecommunications Policy, Special Issue, The economics and regulation of pay broadcasting. Vol. 21, S. 649 ff.

*CSP International* (Hrsg.) (1987): Subscription Television. A Study for the Home Office. London.

*Darschin*, Wolfgang / Bernward Frank (1997): Tendenzen im Zuschauerverhalten, Fernsehgewohnheiten und Programmbewertung 1996. In: Media Perspektiven (MP), S. 174 ff.

*Department of Trade and Industry* (DTI) (1997): Class Licence for the Running of Telecommunications Systems for the Provision of Conditional Access Services. London.

*Deutsche Telekom AG* (Hrsg.): Geschäftsbericht 1996.

*Direktorenkonferenz der Landesmedienanstalten* (DLM) (Hrsg.) (1998): „Beschäftigung und wirtschaftliche Lage des Rundfunks in Deutschland 1996/97". Berlin.

*Eberle*, Carl Eugen (1996): Digitale Rundfunkfreiheit: Rundfunk zwischen Couch-Viewing und Online-Nutzung. In: Computer und Recht (CR), S. 193 ff.

*Eckstein*, Eckhard (1997): Evolution statt Revolution, Digitale-TV-Technik. In: tendenz IV. S. 8 ff.

*Emmerich*, Volker (1994): Kartellrecht. 7. Auflage, München.

*Engel*, Christoph (1994): Rundfunk in Freiheit. In: Archiv für Presserecht (AfP), S. 185 ff.

*Engel*, Christoph (1996): Kabelfernsehen. Baden-Baden.

*Engel-Flechsig*, Stefan (1997): Das Informations- und Kommunikationsdienstegesetz des Bundes und der Mediendienstestaatsvertrag der Bundesländer. In: Zeitschrift für Urheber- und Medienrecht (ZUM), S. 234 ff.

*Europäische Audiovisuelle Informationsstelle* (Hrsg.) (1998): Statistisches Jahrbuch. Film, Fernsehen, Video und Neue Medien. Straßburg.

*Europäische Kommission* (1997): Grünbuch zur Konvergenz der Branchen Telekommunikation, Medien und Informationstechnologie und ihren ordnungspolitischen Auswirkungen, KOM (97) 623.

*European Broadcasting Union* (Hrsg.) (1997): DVB Digital Video Broadcasting, The Global Solution. Genf.

*Frank*, Bernward (1993): Zur Ökonomie der Filmindustrie. Hamburg.

*Fritsch*, Michael / Thomas Wein / Hans-Jürgen Ewers (1993): Marktversagen und Wirtschaftspolitik. München.

*Funkschau* (Hrsg.) (1998): Bandbreite für alle. In: Nr. 13, S. 22-26..

*Furse*, Mark (1995): „Essential Facilities" Doctrine in Community Law. In: European competition law review (ECLR), S. 469 ff.

*Gersdorf*, Hubertus (1998): Chancengleicher Zugang zum digitalen Fernsehen. Berlin.

*Grajczyk*, Andreas (1998): ARD 3 im Aufwind, Marktposition und Nutzungsschwerpunkte der Dritten Programme. In: Media Perspektiven (MP), S. 222 ff.

*Hege*, Hans (1995): Offene Wege in die digitale Zukunft, Berlin 1995.

*Heinrich*, Jürgen (1996): Qualitätswettbewerb und/oder Kostenwettbewerb im Mediensektor? In: Rundfunk und Fernsehen (RuF), S. 165 ff.

*Herdzina*, Klaus (1991): Wettbewerbspolitik. 3. Auflage, Stuttgart.

*Hesse*, Konrad (1995): Grundzüge des Verfassungsrechts. 20. Auflage, Heidelberg.

*Hoffmann-Riem*, Wolfgang (1989): Kommentierung zu Art. 5 GG. In: Rudolf Wassermann (Hrsg.): Kommentar zum Grundgesetz für die Bundesrepublik Deutschland. Band 1, 2. Aufl., Neuwied.

*Hoffmann-Riem*, Wolfgang (1990): Kommunikationsfreiheit und Chancengleichheit. In: Schwartländer, Johannes / Eibe Riedel (Hrsg.): Neue Medien und Meinungsfreiheit. Kehl am Rhein/Straßburg, S. 27 ff.

*Hoffmann-Riem*, Wolfgang (1991): Rundfunkrecht neben Wirtschaftsrecht. Zur Anwendbarkeit des GWB und des EG-V auf das Wettbewerbsverhalten öffentlich-rechtlichen Rundfunks in der dualen Rundfunkordnung. Baden-Baden.

*Hoffmann-Riem*, Wolfgang (1994): Kommunikations- und Medienfreiheit, § 7. In: Benda, Ernst / Werner Maihofer / Hans-Jochen Vogel (Hrsg.): Handbuch des Verfassungsrechts der Bundesrepublik Deutschland, 2. Auflage, Berlin.

*Holznagel*, Bernd (1996): Probleme der Rundfunkregulierung im Multimedia-Zeitalter. In: Zeitschrift für Urheber- und Medienrecht (ZUM), S. 16 ff.

*Holznagel*, Bernd (1996): Rundfunkrecht in Europa. Tübingen.

*Holznagel*, Bernd / Andreas Grünwald (1997): Multimedia per Antenne. In: Zeitschrift für Urheber- und Medienrecht (ZUM), S. 417 ff.

*Immenga*, Ulrich / Mestmäcker, Ernst-Joachim (1992): Gesetz gegen Wettbewerbsbeschränkungen: GWB/ Kommentar. 2. Auflage, München.

*ITC* (1996): Draft ITC Code of Conduct on Electronic Programme Guides. London.

*ITC* (1998): Competition Investigation into Channel Bundling in the Retail Pay-TV Market vom 01. April 1998.

*Jarass*, Hans Dieter (1991): Kartellrecht und Landesrundfunkrecht: Die Bewältigung von Konflikten zwischen dem Gesetz gegen Wettbewerbsbeschränkungen und landesrechtlichen Vorschriften. Köln/Berlin/Bonn/ München.

*Kahlenberg*, Harald (1998): Novelliertes deutsches Kartellrecht. Betriebs-Berater (BB), S. 1593 ff.

*Klimisch*, Annette / Markus Lange (1997): Zugang zu Netzen und anderen wesentlichen Einrichtungen als Bestandteil der kartellrechtlichen Mißbrauchsaufsicht. Arbeitsunterlage für die Sitzung des Arbeitskreises Kartellrecht am 9. und 10. Oktober 1997, Berlin, S. 20 ff.

*Kommission zur Ermittlung der Konzentration im Medienbereich* (KEK) (1998): Pressemitteilung Nr. 3/98 vom 22.6.1998.

*KPMG Management Consulting* (1996): Public Policy Issues Arising from Telecommunications and Audiovisual Convergence.

*Kruse*, Jörn (1996): Publizistische Vielfalt und Medienkonzentration unter dem Einfluß von Marktkräften und politischen Entscheidungen. In: Altmeppen, Klaus-Dieter (Hrsg.): Ökonomie der Medien und des Mediensystems. Opladen, S. 25 ff.

*Kuch*, Hansjörg (1994): Digitale Zukunftstechniken und ordnungspolitischer Regelungsbedarf. In: DLM (Hrsg.): Jahrbuch der Landesmedienanstalten 1993/94, Berlin 1994, S. 45 ff.

*Ladeur*, Karl-Heinz (1987): „Duale Rundfunkordnung" und Werbung in Programmen der öffentlich-rechtlichen Rundfunkanstalten. In: Zeitschrift für Urheber- und Medienrecht (ZUM), S. 491 ff.

*Langen*, Eugen / Bunte, Hermann-Josef (1998): Kommentar zum deutschen und europäischen Kartellrecht. Neuwied.

*Leshner*, Glenn / Byron Reeves / Clifford Nass (1998): Switching Channels: The Effects of Television Channels on the Mental Representation of Television News. In: Journal of Broadcasting and Electronic Media, S. 21 ff.

*Libertus*, Michael (1996): Grundversorgungsauftrag und elektronische Benutzerführungssysteme. In: Zeitschrift für Urheber- und Medienrecht (ZUM), S. 394 ff.

*Mailänder*, Karl Peter (1997): Schranken für das Vertragsdiktat zu Lasten der Träger wesentlicher Einrichtungen. In: Kruse, Jörn / Kurt Stockmann/ Lothar Vollmer (Hrsg.): Festschrift für Ingo Schmidt-Wettbewerbspolitik im Spannungsfeld nationaler und internationaler Kartellrechtsordnungen. Baden-Baden, S. 271 ff.

*Media Perspektiven* (Hrsg.) (1997): Daten zur Mediensituation in Deutschland 1997.

*Müller*, Dieter K. (1997): Das AG.MA-Partnerschaftsmodell wird neu definiert. In: Media Perspektiven (MP), S. 320 ff.

*Müller*, Matthias (1998): Die „Essential Facilities"-Doktrin im Europäischen Kartellrecht. In: Europäische Zeitschrift für Wirtschaft (EuZW), S. 232 ff.

*OFTEL* (1997): The Regulation of Conditional Access for Digital Television Services. London, §§ A.115 ff.

*Ossenbühl*, Fritz (1986): Rundfunk zwischen nationalem Verfassungsrecht und europäischem Gemeinschaftsrecht. Frankfurt a.M.

*Pestalozza*, Christian (1972): Thesen zur kompetenzrechtlichen Qualifikation von Gesetzen im Bundesstaat. In: Die Öffentliche Verwaltung (DÖV), S. 181 ff.

*Pieroth*, Bodo / Schlink, Bernhard (1997): Grundrechte – Staatsrecht II. 13. Auflage, Heidelberg.

*Prosser*, Tony (1997): Law and the Regulators. Oxford.

*Püttner*, Günter (1975): Zur Kompetenz des Bundesgesetzgebers im Pressewesen. In: Neue Juristische Wochenschrift (NJW), S. 813 ff.

*Ring*, Wolf-Dieter (1996): Rundfunk im Umbruch. In: Zeitschrift für Urheber- und Medienrecht (ZUM) 1996, S. 448 ff.

*Röscheisen*, Thilo (1997): Film- und Fernsehproduktion für internationale Märkte. München.

*Schmitz*, Alfred (1990): Rundfunkfinanzierung. Köln.

*Schrape*, Klaus (1995): Digitales Fernsehen. München.

*Schulz*, Wolfgang (1996): Jenseits der Meinungsrelevanz. In: Zeitschrift für Urheber- und Medienrecht (ZUM), S. 86 ff.

*Schulz*, Wolfgang (1997): Regulierung von Medien- und Telediensten: Stichworte zur aktuellen Diskussion über die Regulierung computervermittelter Kommunikation in Deutschland. Reihe Arbeitsberichte und Dokumentationen des Instituts für Rundfunkökonomie, Köln.

*Schulz*, Wolfgang (1998): Kommunikative Chancengleichheit als Freiheitsverwirklichung. Baden-Baden.

*Schulz*, Wolfgang (1998): Konvergierende Technik – divergierende Interessen – Konvergenzgleichung im EU-Grünbuch nicht schlüssig. tendenz II, S. 12 f.

*Seetzen*, Jürgen et al. (1986): Vermittelte Breitbandkommunikation-Technik, Nutzung, Wirtschaftlichkeit (Schlußbericht). Wirtschafts- und sozialwissenschaftliche Berichte des Heinrich-Hertz-Instituts für Nachrichtentechnik 1986/1. Berlin.

*Seufert*, Wolfgang (1996): Rundfunkunternehmen – Gewinner beim Strukturwandel der Medienwirtschaft. In: Altmeppen, Klaus-Dieter (Hrsg.): Ökonomie der Medien und des Mediensystems. Opladen, S. 165 ff.

*Seufert*, Wolfgang (1997): Medienübergreifende Unternehmenskonzentration – Mittel zur Kostensenkung oder zur Erhöhung von Marktmacht? In: Schatz, Heribert / Otfried Jarren / Bettina Knaup (Hrsg.): Machtkonzentration in der Multimediagesellschaft? Opladen, S. 258 ff..

*SPIO* (Hrsg.) (1997): Filmstatistisches Taschenbuch '97. Wiesbaden.

*Stettner*, Rupert (1997): Der Kabelengpaß: medienrechtliche Befugnisse und Spielräume beo der Entscheidung über die Belegung der Kanäle in Kabelanlagen in Bayern mit Rundfunkprogrammen und anderen Diensten unter besonderer Berücksichtigung europäischer Rechtsvorschriften. München.

*Stettner*, Rupert (1998): Die Rechtspflicht der Landesmedienanstalten zur Kabelbelegung: unter Berücksichtigung europäischer Rechtsvorschriften, dargestellt am Beispiel der Bremischen Landesmedienanstalt. Berlin.

*Stockmann*, Babara (Hrsg.) (1997): Werbung im Fernsehen – Das aktuelle Nachschlagewerk für die Fernsehwerbung. München.

*van Westerloo*, Ed (1996): Sportrechte: Preisskala nach oben offen? In: Media Perspektiven (MP), S. 514 ff.

*Verband Privater Rundfunk und Telekommunikation* (VPRT) (1995): Zukunftssichere Breitbandverteilnetze. Berlin.

*Verband Privater Rundfunk und Telekommunikation* (VPRT) (1996): Digitales terrestrisches Fernsehen DVB-T. Bonn.

*Verband Privater Rundfunk und Telekommunikation* (VPRT) (1997): Entwicklung der BK-Netze in Deutschland Teil I. Berlin.

*Verband Privater Rundfunk und Telekommunikation* (VPRT) (1997): Rahmenkonzept für eine Medienordnung 2000 plus.

*Vesting*, Thomas (1997): Prozedurales Rundfunkrecht. Baden-Baden.

*Vogel*, Hans-Jochen (1994): Die bundesstaatliche Ordnung des Grundgesetzes. In: Benda, Ernst / Werner Maihofer / Hans-Jochen Vogel (Hrsg.): Handbuch des Verfassungsrechts der Bundesrepublik Deutschland. 2. Auflage, Berlin.

*Vogel*, Harold Leslie (1990): Entertainment Industry Economics. Cambridge (Mass.).

*Wagner*, Christoph (1996): Rechtsfragen digitalen Kabelfernsehens. Berlin.

*Weiss*, Andreas / Wood, David (1998): Was elektronische Programmführer leisten sollen. Difficult to be easy-The Electronic Programme Guide. In: MultiMedia und Recht (MMR), S. 239 ff.

*Weisser*, Ralf (1997): Dienstleistungen zum Vertrieb digitaler Pay TV-Angebote. In: Zeitschrift für Urheber- und Medienrecht (ZUM), S. 877 ff.

*Wirtschaft und Statistik*, N. 5/1997.

*Zimmer*, Jochen (1998): Auftrieb für fiktionale Fernsehproduktion in Deutschland. In: Media Perspektiven (MP), S. 2 ff.

*Zimmer*, Jochen (1998): Fernsehempfang: in Zukunft Satellit vor Kabel? In: Media Perspektiven (MP), S. 352 ff.